도서출판 대장간은
쇠를 달구어 연장을 만들듯이
생각을 다듬어 기독교 가치관을
바르게 세우는 곳입니다.

대장간이란 이름에는
사라져가는 복음의 능력을 되살리고,
낡은 것을 새롭게 풀무질하며, 잘못된 것을
바로 세우겠다는 의지가 담겨져 있습니다.

www.daejanggan.org

성경과 제국 시리즈를 간행하며

기독교계 안팎에서 "신은 죽었다", "성경은 죽었다", "기독교는 죽었다"는 주장이 대두되었다. 포스트모던 시대를 맞이하여 세상은 급변하는데 기독교는 달라지지 않는다는 것을 빗대어 하는 비평으로 들린다. 사실, 이러한 비평은 매우 심각하고 치명적인 지적들이다. 신학자 존 셸비 스퐁은 『기독교, 변하지 않으면 죽는다』는 책을 출간한 적이 있다. 철학자 슬라보예 지젝은 '기독교는 무신론이다'라고까지 말했다. 사태는 그만큼 엄중하다. 하지만 한국교계의 주류는 변화에 그리 큰 관심을 가지고 있지 않다. 아직까지는 한국 교회의 정사와 권세는 건재하다고 믿기 때문일 것이다. 그러나 한국 교회가 이대로 가다가는 자동 소멸할 것이라는 걱정도 허투루 다룰 전망은 아니다. 한국 교회에 종교개혁이 절실한 사정은 부지기수이다.

2017년 10월이 종교개혁 500주년이다. 종교개혁을 우려먹는 일도 반 천년에 이르렀다. 이제 500년 동안 종교개혁을 기념해온 일을 그치고 종교개혁을 비판해야 할 때이다. 종교개혁에 관한 낡은 이야기를 기계적으로 반복하는 일은 삼가야 할 시점에 도달했다. 종교개혁은 근대의 역사적 사건이었고 지금은 탈근대 사회, 포스트휴먼 시대이기에 종교개혁은 그 현재적 의미를 우리 시대에 다시 고쳐 쓰지 않는 이상 기념할 가치가 더는 없을 것이다. 뿐만 아니라 지금은 생태적 혁명도 동시에 이루어가야 하는 시대이다.

현대 기독교는 이집트 제국을 위시한 로마 제국의 예속과 억압과 불의에 대해 반역하고 저항할 수 있는 본원적 야성의 신앙을 회복하지 않으면 현대의 콘스탄티누스주의와 미국 패권의 새로운 세계 제국의 질서에 굴복하고 말 것이다. 팍스 아메리카나의 제국적 질서가 전지구화하는 현대 세계 상황에서 기독교는 저항과 반역의 기독교를 복직하게 하는 과업에 복무해야 하는 사명과 소명을 가지고 있다.

이러한 기독교는 성경 즉 텍스트와 상황 즉 콘텍스트를 분리하지 않는다. 하나님이 남긴 텍스트는 항상 세계 제국의 지배와 질서를 근원적 실재로 보고 이 콘텍스트와 관련해서 역사한다. 텍스트는 항상 세계 제국의 지배와 질서를 실재계로 파악하고 이와 대결 의식을 벌이는 가운데서 그 생명력을 발휘한다. 따라서 하나님은 성경의 문자 속에서 갇혀 있는 분이 아니다.

이러한 시각에서 성경과 제국 시리즈가 기획되었다. 이 시리즈는 일반학계의 제국 연구와 성경학계의 수용과 적용의 최근 성과를 널리 공유하는 목적에서 간행된다. 그러나 그 근본 취지는 한국 사회에 기독교의 혁명적 성격의 회복을 촉진하고 자본주의 제국의 현실을 콘텍스트로 하는 성경 연구의 변혁과 성경 읽기의 혁신을 꾀하고자 하는 것이다.

성경과 제국 시리즈 편집위원회
김근주 류의근 배덕만 이국운 장윤재 가나다순

현대사회와 기독교의 대응

류의근

현대사회와 기독교의 대응

지은이	류의근
초판발행	2019년 8월 2일
펴낸이	배용하
책임편집	배용하
디자인	배용하
등록	제364-2008-000013호
펴낸곳	도서출판 대장간
	www.daejanggan.org
등록한곳	충청남도 논산시 가야곡면 매죽헌로1176번길 8-54
대표전화	(041) 742-1424 전송 (0303) 0959-1424
분류	기독교 | 성경 | 제국
ISBN	978-89-7071-487-5 94230
	978-89-7071-411-0 세트 94230
CIP제어번호	CIP2019028984

 값 10,000원

차례

현대사회와 기독교의 대응

류의근

서문

철학 연구자가 우연인지 필연인지 기독교에 입문해서 기독교의 시각
으로 세계를 보는 눈을 키워왔지만, 신앙의 삶과 학문은 구별되는지라 딱
히 철학적 연구에 반영하는 일을 도모하지 않았다. 그러나 세월이 지나면
서 기독교적 세계관에 물들어 나도 모르게 교계의 현실과 신앙과 신학에
일부 관여하게 되었고 철학적 주제에 대한 기독교적 성찰도 가능하게 되
었다. 계시와 사색의 문제는 화해와 통일보다는 긴장과 대립의 관계로 설
정되기 마련이다. 계시는 신의 자율성인 반면, 사색과 성찰은 의심하고
비판하는 인간의 자율성에 속하는 것이므로 그 둘은 화목하게 지내기가
어렵다.

이해하는 신앙은 말로만 그렇지 실상은 신앙을 흔들어놓는다. 신앙에
이해가 필요하다면 신앙의 값어치는 하락할 것이다. 이해해야 믿을 수 있
다면 믿음은 불필요하다. 그렇다고 이해가 가지 않는데 믿기만 할 수도 없
는 노릇이다. 이런 면에서 이해와 신앙은 변증법적 발전 관계에 있는 것
같기도 하다. 지성과 건전한 판단과 문화적 소양을 갖추고 있는 현대인이
성경의 기록을 곧이곧대로 믿기란 불가능하다. 그래서 신의 은혜로 말미
암아 기독교에 입문할 수 있는지도 모른다.

하나님의 은혜로 예수를 알게 된 이래로 철학적 지식과 진리의 내면을
들여다 볼 수 있었고 그 힘과 한계도 느낀다. 그렇다고 기독교의 진리와

의미 체계와 경험들이 철학의 그것보다 월등하게 우월하다고 선뜻 말하기에는 주저함이 많다. 행동과 실천에서 이를 입증하지 않고서는 개인적으로 뭐라고 말하기 힘들다. 어떤 때는 기독교의 진리의 힘이 굉장하다고 생각할 때도 있지만 실제적 상황에서 보면 상상적 사유의 환상에서 신앙의 삶을 살아가고 있는 것이 아닌가 하는 회의가 들 때도 많이 있다.

　나에게 한 가지 분명한 것은 근대 형이상학적 체계를 기반으로 하는 기독교 신학과 신앙 체계가 전면적으로 재검토되어야 한다는 것이다. 나는 기독교는 종교 없는 기독교가 되어야 한다는 본회퍼의 말을 이러한 맥락에서 이해하고 싶다. 근대 철학 패러다임이 포스트모더니즘의 대두와 함께 교전하고 있는 마당에 한국의 교회 현실에 통용되는 신학과 신앙은 참으로 학문 발전과 시대사조와 지성사의 가르침과 교훈에 대해서 매우 궁핍한 논리의 방어적 자세로 일관하고 있다. 철학을 조금 공부한 탓에 이렇게 말할 수 있을 뿐이고 주제넘은 진술과 주장을 정립하려는 것은 아니다. 수많은 기독 신자들이 공허하게 믿고 있는데도 아무도 책임지고 이를 바르게 가르치려 하지 않는다. 왜냐하면 같은 종교적 언어를 사용하는 내부인들이기에 아무런 문제의식도 가질 수 없기 때문이다.

　이 책에 실린 글들은 사실은 현대 문화와 언어 속에 살면서 기독교의 진리를 되살릴 수 있는 길이 없을까를 고민하는 사색의 흔적이다. 우리가 살고 있는 사회 현실과 세계 질서에 대해서는 까막눈이면서 하나님의 백성으로 말미암아 "땅에 사는 모든 민족이 복을 받을 것"^{창12:3}이라는 하나님의 약속이 어떻게 이루어질 수 있는지를 나는 알 수 없다.

　하루하루가 감당하기 어려운 근대성과 탈근대성의 현대사회 생활 속에서 하나님의 나라의 이상 사회를 이루어가는 이 땅의 하나님의 제국 건립에 헌신하는 모든 이들을 존경하고 경의를 표한다. 이 책에서 다루는 내용이 성경이 말하는 진리가 아직 낡은 것이 아니라 이 시대에 희망과 미래를 줄 수 있는 가능성을 가지고 있음을 나타낼 수 있기를 기대한다.

2019년 2월 - 류의근

서론: 현대사회에 대응하는 기독교

이 책의 의도는 현대사회에서 기독교의 진리를 추구하고 시의성과 적절성을 확인해보려는 것이다. 이러한 의도에서 이 책이 다루는 주제는 모두 5개의 장으로 구성된다.

제1장 "교회의 정치적 예배와 기독 시민 교육"은 현존하는 예배의 혁신을 꾀하는 도발적 제안을 던져보는 것이다. 교회의 예전과 예배가 악과 불의로 가득 찬 현실에 대해서 너무 무능하다는 소견에 입각해서 예배를 정치적 사회적 앙가주망의 통로로 사용할 수 있는 길을 모색한다. 이러한 견지에서 예배의 정치적 차원을 거론하고 논구하는 것은 불가피하다. 예배의 정치성은 정치적 대립 또는 갈등, 사회적 집단 간의 불화를 해소하는 것을 지향해야 하고 이러한 정치적 예배를 통해서 기독교의 예배가 세상 정치에 대해 공헌할 수 있다고 주장한다.

이러한 예배가 세상에 대해 가지는 영향력은 예배하는 기독 시민들이 예전을 통해 정치적 실천을 지향할 수 있는 변화를 성령 안에서 어느 정도로 경험하는가에 따라 다르다. 따라서 기독 시민이 정치적 역할을 감당하기 위해서는 정치적 영역에 대해 하나님의 영의 지시와 인도에 따라 그 책임을 감당할 줄 아는 능력을 기르는 것이 필수적이다. 이러한 정치적 영성 형성의 목표는 하나님의 선 내지는 사회의 공동선에 합당한 가치를 실현하는 데 있고 바로 이것이 본질적으로 기독 시민의 시민권을 구성한다.

그러므로 교회 내부에서 제공되는 각종 영성 훈련과 성경 교육 그리고 제자 교육은 이러한 시민권의 형성과 행사를 겨냥할 필요가 있다. 현재의 교회 교육은 인간 영혼에게 이러한 의미의 시민권을 찾아주는 교육을 거의 하지 않는다. 이러한 관점에서 예배를 기독 시민권을 계도하고 실천하는 소위 기독 시민 양성 과정으로 활용하는 시각 전환이 필요하다. 교회의 정치적 예배를 통해서 이러한 시민권을 형성하는 교육적 과제가 현재의 한국 교회 예배가 심각하게 숙려해야 할 논의 과제이다.

제2장 "현대 기술의 구원"은 과학 기술 공학의 승리로 점철되는 21세기 사회에서 기술에 대해서 우리가 가용할 수 있는 기본 접근 모형을 살펴보고 우리가 살아갈 21세기 첨단 기술 공학을 맞이하여 기술에 대한 철학적 반성을 가미함으로써 개신교 신학자 자크 엘륄의 기술철학과 신학을 평가하고자 한다. 기존의 기술 이론 또는 기술 철학의 논의들은 현대 과학 기술의 첨예한 발전 상황에 대해서 적극적인 대응과 대책을 마련하고 있다고 느껴지지 않는다. 이 점에서 전통적 기술론들은 새로운 담론을 제시해야 하는 시점에 접어들고 있지 않을까 사료된다. 이 논문은 현대의 고전적 기술론들이 21세기에 새롭게 발전한 기술 공학들이 함유하는 철학적

문제성이나 실질적 영향력과 파급력을 감당하기에는 힘이 부치지 않는가 하는 판단에서 하이데거와 엘륄을 현대의 고전적 기술론의 주요 인물로 설정하고 그들의 논의의 통찰과 효용과 한계와 약점 등을 비판적으로 살펴보며 평가를 통해 대안적 모색의 계기를 마련하고자 한다.

제3장 "기독교의 대안적 주체성"은 근대의 주체성이 포스트모더니즘의 등장 이후 붕괴되었지만 주체성을 구성하는 내용이 바뀌었을 뿐 여전히 탈근대적 주체성, 근대의 주체성의 회복과 부활을 쟁점으로 논란이 계속되고 있다. 이러한 철학적 자아 논쟁에 대해서 주체 패러다임의 전개를 근대적 주체성, 탈근대적 주체성, 탈근대적 근대 주체성으로 분류하고 후설, 푸코, 바디우를 그 각각의 대표자로 세우고 그들의 주체 이론을 사회개혁과 해방의 실천적 관심에서 비판적으로 살펴보고자 한다. 이 목적은 세 가지 목표로 구성된다. 첫째, 실천적 해방의 관점에서 그들이 가지고 있는 주체 이론의 긍정성과 부정성을 적시한다. 둘째, 해방적 실천을 위한 새로운 대안적 주체성의 필요성을 도출한다. 셋째, 그들의 주체성 이론에 대한 기독교의 대응으로서 기독교적 주체 모형을 대안적으로 제시한다.

제4장 "예수의 반제국적 주체성"은 현대사회의 제국적 질서에 대한 저항과 대안을 세우기 위해서는 새로운 주체 형성이 절실한데 이 요구에 대한 응답으로 예수를 반제국적 주체성의 본으로 세우려는 것이다. 한국인이라면 한국 사회와 사람들을 지배하는 힘의 원천이 경제와 시장의 논리, 언론 권력, 그리고 학벌 체제라는 점은 쉽게 수긍한다. 자본 권력, 언론 권력, 교육 권력은 시민을 훈육하고 통제하는 주권 권력이라고 말해진다. 이러한 주권 권력이 훈육과 통제를 통해서 보통 사람들에게 강력한 영향력을 미치고 지배하는 논리와 구조가 될 때 제국 또는 제국주의가 탄생한다. 우리나라도 이러한 제국적 질서와 권력의 지배를 받는다는 점에서 제국적 현실을 살고 있다. 이 점을 부인하지 않는 한 우리는 모두 예외 없이 제국 또는 제국의 질서를 우리의 삶의 스타일로 삼고 있는 셈이다. 사실을 말하면 우리는 제국적 현실을 자동적으로 살아가고 있는 제국의 자아들이라고 할 수 있다.

그렇다면 이러한 자동화된 주체화 방식 말고 다른 주체화의 방식을 찾는 것은 제국의 시대를 사는 현대인들에게 던져진 도전장이다. 이것은 개인의 자유 의지가 반제국적 주체성으로 전환될 수 있는 자아의 테크놀로지를 구성하는 문제이다. 자본 제국과 국가 제국의 현실이 긴박하게 돌아가면 갈수록 이에 대응하는 새로운 주체성을 구축하는 일이 절실하다. 세계 제국과 국가 제국의 지배와 통제가 교묘하게 실현되는 만큼 신자유주의적 자아 지배 이데올로기를 비판하고 저항할 수 있는 새로운 주체성의 개발과 형성은 극히 요긴하고 심대한 과제이다. 제국적 현실에 복종하고 종속하는 예속적인 주체성이 아니라 전 지구화된 신자유주의 경제 질서와 시장 논리에 대항할 수 있는 독립적인 정치적 주체의 구성이 긴박한 과제이다.

　이러한 문제의식에서 제4장은 제국적 현실에 대해 포스트모던적으로 주체성을 구성하는 것이 한계가 있음을 보이고 기독교의 관점에서 예수의 주체성을 제국적 질서와 현실을 비판하고 부정하는 반제국적 저항적 주체성으로 제시하며 결론적으로 이러한 반제국적 주체성을 이 시대가 필요로 하는 대안적 주체성임을 주장하고자 한다.

　제5장 "지젝의 유물론적 신학 비판"은 신자유주의적 자본주의 세계적 현실에 대항해서 이론적으로나 실천적으로나 열정적 전투를 벌이고 있는 지젝의 무신론적 기독교 해석을 이해하고 이를 비판적으로 검토함으로써 지젝의 투쟁 전략과는 다른 길을 걸을 수 있는 대안을 기독교 측에서 제시하고자 한다. 지젝은 기독교가 그 핵심을 파고들면 무신론으로 드러난다고 주장한다. 그의 무신론적 기독교는 기독교의 혁명적 잠재력을 보여준

다. 그 이유는 그의 기독교 해석은 자본주의 투쟁의 이론적 실천으로 수행된 것이기 때문이다. 하지만 그의 기독교 해석은 예수의 십자가 죽음에 대한 두 가지 해석 중 참여적 해석을 강조하고 희생적 해석을 소홀히 한다. 진실을 말하면, 참된 기독교는 참여적 해석과 희생적 해석의 동시적 수행을 기반으로 한다. 그의 기독교 해석은 한편으로는 기독교의 전복적 핵심을 계시하는 것을 겨냥하고 다른 한편으로는 예수의 희생적 죽음에 대한 올바르지 못한 이해에 기인한다. 사실, 기독교의 전복적 핵심은 예수의 십자가 사건에 대한 희생적인 해석으로부터 시작한다. 희생적 해석이 없다면 참여적 해석도 없다. 속죄 없이는 용서, 화해, 윤리, 변화는 불가능하다. 지젝은 여러 면에서 기독교를 오해하고 있고 특히 예수의 죽음의 속죄 기능과 효력에 대한 이해를 결여하고 있다. 이 점만 보완된다면 기독교는 여전히 지젝의 유물론적 신학 대안으로서 기독교 자신의 전복적 핵심인 바, 급진적이고 해방적이며 체제 저항적인 능력을 회복할 수 있다. 따라서 기독교의 전복적 핵심의 회복과 활성화는 지젝의 이교 기독교가 아니라 정통 기독교를 통해서 가능하다. 다만, 그 입증 책임은 투쟁하는 유신론자의 몫이 될 것이다.

이상의 5개의 주제를 중심으로 논의하는 내용과 결론과 통찰이 현대사회에서 기독교가 어떻게 대응하고 대안을 만들어낼 수 있는가 하는 문제에 대해 부분적으로라도 참고할 수 있는 답이 될 수 있었으면 좋겠다. 기독교의 전통과 정통이 세속 사회, 후기 세속 사회라고 일컬어지는 작금의 탈현대사회, 포스트휴먼 사회, 트랜스휴먼 사회 속에서 생명력을 지니고 하나님 나라의 이상 사회의 꿈을 지상에서 이루어가려면 지금의 기독교의 언어와 의미 체계는 재해석되지 않으면 안 된다. 빛을 바랜 언어로는 기존 체제와 현실의 변화 동력을 불러일으킬 수 없다.

제1장

교회의 정치적 예배와
기독 시민 교육

제1장

교회의 정치적 예배와 기독 시민 교육

1. 서론: 예배의 정치적 차원

여러 가지 종류의 예배가 있다. 자신을 거룩한 제물로 바치는 생활 예배, 교회에서 드리는 예전적 공예배, 그리고 하나님의 말씀을 국가와 공공 영역을 향해 선포하는 정치적 예배가 있다. 교회가 드릴 수 있는 정치적 예배는 그리스도가 교회와 하나님의 백성의 주만이 아니라 세상의 풍조와 세계의 정치적 질서와 역사의 주라는 것을 선언한다. 우리는 이 마지막 예배를 언제 드려 보았는지 까마득하다. 이러한 예배는 우리에게 망각된 예배인 것으로 보인다. 사실을 말하자면, 교회에서 드리는 공예배는 그리스도처럼 사는 그리스도인의 삶의 예배로 연장되고 마침내 정치적 예배의 삶과 실천으로 확장되고 심화되는 것이 맞다. 우리는 이러한 잃어버린 예배를 되찾아 드리고 회복해야 한다. 우리가 정기적인 교회 예배에서 거룩함을 회복하면 그리스도인의 삶은 하나님에 대한 두려움으로 윤리적으로 나타날 수밖에 없다.[1] 베드로가 폭풍을 잠재우는 그리스도의

---

[1] 거룩함의 윤리적 차원에 대해서는 다음을 참조. 루돌프 옷토, 『성스러움의 의미』, 길희성 옮김, (서울: 분도출판사, 1999).

경외함에 놀라서 돌연 "나는 죄인이로소이다"고 고백하는 것은 거룩한 신성이 우리를 깨끗이 하는 장면 중의 하나일 것이다. 그러한 경외감은 자연스럽게 몸과 마음을 가지런히 삼가고 거룩한 생활 방식 이를테면 윤리적 자태를 띄는 삶으로 나타나기 마련이다. 이것이 그리스도인의 신앙의 윤리적 차원을 설명하는 방식이다. 역으로 말하면 어떤 삶의 양식이 윤리적으로 나타나지 않으면 거룩한 예배는 없었거나 드리지 못했다는 결론이 나온다. 따라서 그리스도인의 존재 방식과 교회의 공적 증거 활동이 개인 윤리 또는 사회 윤리 또는 정치 윤리적으로 나타나지 않으면 그리스도인답지 못하고 교회답지 못한 처사이다.

교회가 개개인의 내면적인 신앙 세계에 관여하는 것은 말할 것도 없거니와 공적 문제를 포함하는 공공 영역에 개입하는 것은 교회의 기본권이다. 왜냐하면 교회는 시대마다 세상 임금의 공적 질서와 통치 상황에서 생존해 왔고 저항해 왔으며 하나님의 나라가 저 피안이 아니라 피조된 이 땅에 임하고 임할 것이라는 믿음을 소유해 왔기 때문이다. 그렇다면 교회는 공공 영역에 관한 하나님의 사회적 원리를 개발하고 제공하는 일2)만이 아니라 그것을 개인적 차원을 넘어 교회 집단적 차원에서 구현하고 수행하는 일도 마다하지 않아야 한다. 교회의 공예배에서 설교 말씀을 듣고 개인적 차원의 삶의 자리에서 가려 들어 성령의 역사에 따라 살아 내는 삶만이 아니라 교회 공동체 전체의 차원에서 말하자면 집단적으로 그 말씀을 적

---

2) 정치 영역에 관한 사례로는 기윤실 산하 삶의 정치윤리운동 분과 편, 『성서적 정치 실천』(서울: 프리칭 아카데미); 경제 영역에 관한 사례로는 김근주, 김유준, 김회권, 남기업, 신현우, 『희년, 한국 사회, 하나님 나라』(서울: 홍성사); 복지 영역에 관해서는 차정식, 『하나님 나라의 향연: 신약성서의 사회복지론』, (서울: 새물결플러스); 철학 영역에 관해서는 피터 크리프트, 『예수철학』, 류의근 옮김, (서울: 서광사). 한국 사회의 주요 쟁점과 과제를 기독교적 관점에서 전반적으로 진단하고 대안을 제시한 사례로는 김선욱 편저, 『어떻게 투표할 것인가?』 (서울: IVP).

용하고 하나님 나라의 운동으로 견인해 내는 과업을 실천해야 한다. 예를 들면 부산 지역 사회를 사회적으로 정치적으로 변화시킬 수 있는 과제는 무엇인가라는 논제를 제시할 수 있다.

그런데 고민은 이러한 과업을 어떻게 수행해 가야 하는가 하는 문제이다.[3] 이 방면의 전문가들과 함께? 사회과학적 분석과 함께? 지역 사회와 협조하면서? 깨어 있는 식자층과 양심적인 공중과 세력과 함께? 이러한 문제 의식을 가지고 있는 우리에게 예배란 도대체 무엇인가? 우리가 드리는 예배가 사회 변혁에 어떻게 기여할 수 있는가? 예배가 그리스도인들에게 우리가 기대하는 그런 류의 변화를 추구하게 하는 역동성을 제공할 수 있는가? 우리는 예배에서 그런 것을 요구해도 좋은가? 우리는 그런 예배를 어떻게 드릴 수 있는가? 우리는 어떻게 그런 예배를 일으켜 세우고 드릴 수 있는가? 이러한 예배를 삶의 형식으로 내화시켜 줄 수 있는 교회를 세울 수 있는가? 공중과 공공 영역에 아무런 영향도 행사하지 못한 채로 고립되어 자족하고야 마는 삶을 사는 교회의 사회적 존재 방식을 혁신적으로 바꿀 수 있는 길이 있는가? 관념이 아니라 실제적으로 실천적으로 말이다.

교회의 이러한 존재 방식의 문제점이 끝없이 반복되고 또 지적되고 있는데도 왜 따를 만한 대안은 없는가? 이런 저런 교회의 존재 방식이 그리스도의 편지로서 거기에 더해, 공적 사건과 행사로서 읽혀질 수 있는 일은 왜 그다지도 드문가? 목사의 교회 세습과 재정 횡령과 성추문 등의 일이 공적 보도 기사 거리가 되지 교회의 사회적 존재 방식이 사회의 모범적인 공적 사건으로 보도되는 것은 그리 많지 않는 것은 왜인가? 예배에서 악의

---

3) 이 문제에 관한 시사와 함축을 주는 글로는 다음을 참조. 마커스 보그, 톰 라이트, 『예수의 의미』, 김준우 옮김 (서울: 한국기독교연구소, 2001), 315-343쪽.

패배를 선포하고 세상의 악을 궤멸시키러 온 예수 그리스도의 삶을 실천에 옮기는 교회의 존재 방식이 왜 이다지도 사회화되지 않는 것인가? 전투적 교회ecclesia militans4)는 왜 이렇게도 희귀한가? 세상 질서와 기존 체제의 폭력적 힘을 제압하는 승리의 예배는 왜 이렇게 보기가 힘든가? 폭력의 힘을 이기는 예수의 평화의 힘의 승리를 예고하는 예배는 드리기가 불가능한가? 두 세력 간의 투쟁에서 평화가 승리하는 것을 열매로 보여주는 예배를 어느 교회가 드리고 있는가? 폭력의 힘과 평화의 힘을 화해시키는 사역을 감당하는 바, 평화를 이루는 복 있는 교회는 어떤 교회인가? 이러한 실천에 의해서 특징 지어지고 규정되는 예배를 드리는 것이 가능한가? 교회가 이러한 예배력power of worship을 어떻게 갖출 수 있는가? 어떻게 하면 성도의 단순한 종교적 내적 믿음과 신앙이 세상의 불가피한 악을 이기는 이러한 예배력에까지 도달할 수 있는가? 평화의 힘의 실질적 승리가 보장되는 예배를 어떻게 드릴 것인가? 주 예수가 이미 싸워 승리했다고 하는 바, 폭력의 통치에 맞서는 비폭력적 투쟁에 인입되는 예배를 어떻게 드릴 것인가?

과연 극도로 다원화되어 가는 포스트모던 사회상황에서 교회의 사회

---

4) 교회 전체 차원에서 사회 구제나 봉사에 깊이 헌신하는 개별 교회는 많지만 사회 공공성의 영역에서 예컨대 정치적 사회적 의제에 대해 하나님 나라의 가치를 실현하고자 뛰어 드는 교회는 거의 보이지 않는다. 그리스도인 개개인이 4대강 살리기 사업을 반대하는 사회적 투쟁의 계열에 참여하는 경우는 많지만 개별 교회가 하나의 기구나 조직체로서 공동 의회의 의사 결성을 통해 사회적 반대 의사를 선포하고 실천에 옮기는 경우는 지극히 희귀하다. 설령 있다고 해도 목회자 중심, 명망가 중심, 엘리트 중심의 리더십에 의해서 수행되며 교인 전체의 총의로서 실천되는 경우는 없는 것으로 보인다. 목회자들이 바른 신학 교육을 받고 성도들을 사회 윤리적으로 바르게 지도하여 교인 전체가 집단적으로 세상의 정치적 사회적 악과 싸우는 존재 방식을 취함으로써 교회는 세상의 악을 박멸하러온 예수의 존재 목적을 이 땅에서 실현해야 할 것이다. 따라서 교회는 이러한 전투력을 성도들에게 제사장(priest)으로서, 왕(king)으로서, 예언자(prophet)로서 어떻게 길러주고 신장하며 확충할 것인가 하는 문제를 심각하게 고민하고 해결해야 한다. 이 과제는 동시에, 교회 교육 과정의 개발 프로젝트로서 목사 의존적인 성도들의 신앙의 질과 구조를 주체적인 신앙인으로 바꾸어 놓는 거룩한 사업이다.

적 존재 방식과 예배의 패러다임은 어떻게 형태화되어야 하는가? 교회는 자신의 예배나 사회적 삶의 방식의 정치적 차원과 의미를-암시적이든 명시적이든-분명하게 인식할 필요가 있다. 교회는 현실적으로 존재하는 정치적 삶과 그 질서에 대항하여 그 속에서 자신의 비전을 실천에 옮겨야 한다. 그것은 세속적인 정치적 투쟁이나 권력 투쟁일 수는 없을 것이고 하나님의 진정한 정치를 위한 투쟁일 것이다.[5] 그렇다면 이러한 투쟁을 위해서, 교회는 어떤 예배를 드려야 할 것인가? 또는 예배가 어떻게 이러한 의미의 정치를, 정치적 투쟁을 위한 성령의 지혜와 평화의 힘을 흘러 보낼 수 있는가? 예배가 하나님의 정치를 어떻게 형태화할 수 있는가? 공과 사의 영역, 개인 영역과 사회 영역 사이의 불일치를 넘어서는 하나님의 정치를 어떻게 실천적으로 이행할 것인가? 그 두 영역 사이의 화해를 실천적으로 수행하는 것이 필요하다. 사회적 세력 간의, 또는 사회적 가치 간의 반목과 대립과 갈등을 화해할 수 있는 길[6]이 예배에서 내려올 수 있는가? 그런 방법이 예배에서 일어날 수 있고 계시될 수 있는가? 예배에서 그러한 화해의 사건을 경험할 수 있는가?

2. 정치적 대립을 극복하는 예배

흔히들 공인은 개인의 사적 생활 영역을 포기하거나 드러내어서는 안 되는 것으로 인식되고 있다. 국회의원이 친인척이나 연고가 있는 인물을 보좌관으로 채용해서는 안 되는 것이 일반 사회의 통념이자 정서이다. 마

---

5) 히틀러 정권에 대한 독일 고백교회의 투쟁, 본회퍼의 히틀러 암살 사건 참여가 그 한 예일 것이다.

6) 이와 관련해서 민족 또는 나라 사이에 있었던 화해 문제를 다룬 사례 분석으로는 다음을 참조. Walter Winker, *When the Powers Fall: Reconciliation in the Healing of Nations* (Minneapolis, MN: Augsburg Fortress 1998), pp. 33-59. 한국과 일본 사이에 있었던 과거의 국가적 상처를 용서와 화해로서 치유하는 과업을 한국 교회와 일본 교회가 주체적으로 감당할 수 있을까?

찬가지로, 외교 통상부 장관이 사무관을 공개 채용할 때 온정으로 청탁 내지 개입해서는 안 된다. 담임 목사가 후임 결정 문제나 리더십 승계 문제에서 자기 아들이나 사위를 거론해서는 안 되는 것도 같은 이유에서이다. 국가나 회사의 경영권을 아들에게 물려주는 것이 국가적으로나 국제 사회에 사회적 지탄을 받을 수밖에 없는 것도 같은 이치이다. 이 모두는 공공 영역에서 가족 간의 끈끈한 감정적 정서적 기반이나 인연을 극복하는 것이 매우 어려운 공인의 도리임을 보여준다. 이러한 가족적인 사적 삶의 연결 고리는 공적 삶에서 자신의 직무를 수행하고 사회의 공동선을 증진하는 데 치명적인 위험물이다. 이런 점에서 공공 영역에서 수행되는 정치적 삶은 가족적 사적 인정을 단호하게 허용하지 않는 배타주의적 성격을 가지고 있다. 그리고 그래서 이러한 공적 정치적 삶은 개인의 삶에 대해서 전체주의적인 말하자면 폭력적인 데가 있다. 한 사회의 구성원이 시민으로서의 삶공/public/polis을 영위하는 것과 가족으로서의 삶사/private/oikos을 영위하는 것 사이의 차이가 바로 여기에 있다.

그런데 그리스도인으로서 우리는 예배 행위에서 세계의 경로를 주 하나님이 다스리고 있음을 증언하면서 그 과정에 개입하고 훼방하고 중단시킨다. — 예배가 그럴 수 있는 것인 한에 있어서 그렇다는 말이다. 만일 우리가 예배에서 하나님의 정치를 볼 수 있는 한, 예배는 우리로 하여금 정치의 배타성과 폭력성에 맞설 수 있도록 할 수 있다. 초대 교회의 구성원인 아이, 노예, 여자, 아내와 같은 인간 가축들은 초대 교회 공동체의 예배에서 만물을 다스리는 주라고 고백했으므로 그런 폭력적 배타적 정치 체제polis에 저항할 수 있었다. 이것이 교회의 예배력이 성취할 수 있는 일 중의 하나이다. 다시 말해서 하나님의 정치적 통합의 원리에 따르면 여자, 노예, 아이 같은 기층 민중들은 바닥 인생을 대표하지만, 예배에서 불화 속에 빠져 있는 사회적 영역과 집단 간의 화해를 이루는 통합된 정치적 행동의 주체로 변혁되기에 이른다. 그들의 의식이 혁명적으로 변한 것이다. 이것이 교회의 정치적 예배의 과제이고 열매이다.

바울이 갈라디아서 3장 25-28절에서 말한 대로, "여러분은 모두 그 믿음으로 말미암아 그리스도 예수 안에서 하나님의 자녀들입니다. 여러분은 모두 세례를 받아 그리스도와 하나가 되고 그리스도를 옷으로 입은 사람들이기 때문입니다. 유대 사람도 그리스 사람도 없으며 종도 자유인도 없으며 남자와 여자가 없습니다. 여러분 모두가 그리스도 안에서 하나이기 때문입니다." 우리 모두가 그리스도 예수 안에서 하나이기 때문에 종교적, 시민적, 정치적, 계급적, 계층적 적대 의식이 교회의 새로운 공동체 속에서 극복될 수 있게 된 것이다. 남자와 여자 사이의, 자유인과 노예 사이의 정치적 배타성과 폭력성이 녹아 없어진 것이다. ― 남자, 여자, 자유인, 노예는 여전히 없어지지 않은 채로 존재하고 있음에도 불구하고. "그러므로 이제부터 여러분은 외국 사람이나 나그네가 아니요 성도들과 함께 시민polis이며 하나님의 가족oikos입니다."엡2:19 이제 그들이 하나님의 정치의 시민인 한에 있어서 공과 사의 대립은 존재하지 않는다고 평가해도 좋을 것이다. 왜냐하면 그들은 유대인과 이방인이 화해한 새로운 공동체로 태어났기 때문이다. 교회가 개인의 것이면서 동시에 공동체의 것으로 되는 새로운 삶의 형식을 경험하는 일이 발생했고 이런 방식으로 그리스도 안에서 체험된 삶의 형식이 바로 참되게 정치적인 것이라는 것이다.

이와 같이 교회 공동체polis는 정치적인 것의 참모습을 경험하는 곳이다. 따라서 교회의 정치적 삶은 국가와 사회의 정치적 영역에서 이루어지는 삶과는 구분되어야 한다. 교회의 예배는 성도들에게 이러한 참된 의미의 정치적인 것을 회복하게 하는 예식이어야 한다. 따라서 교회가 국가와 사회의 정치적 영역에 기여하는 문제는 이차적인 과제이다. 이러한 새로운 형식의 정치적 삶은 현대적 의미에서 성, 이익 집단, 경제적 사회적 지위와 계층을 대표 또는 대신한다는 정치 개념이나 정당 개념이나 정치 권력 개념과는 불일치한다. 따라서 교회 정치에서 공과 사의 화해를 구현한 초대 교회의 예배력을 재현하는 것이야말로 가장 중대하고 심각한 문제인 것이다. 예수의 피를 마시고 살을 떼는 성찬식은 바로 이러한 공공성과 정치성을 기억하고 유지하기 위한 성례가 아니었을까? 그런데 이러한 초대 교회의 공공성과 정치성이 현대 예배에서는 증발되었다. 그저 형식적일 뿐인 관행적인 예배만 있을 뿐이다. 현대의 예배는 고도로 세련된 사적인 사건으로만 존재하는 예배가 아닐까? 바울이 자신이 개척한 교회에 특히 골로새 교회에 목회 서신을 보낸 내용은 예배의 이러한 공적 특질을 잘 지켜라고 가르치기 위함이 아니었을까?[7]

정치적인 것을 이렇게 이해함으로써 세상 정치 또는 세속적 정치에 대한 그리스도인의 정치적 의무나 윤리 좀 더 구체적으로 말하면 예배의 공공성을 일상적 삶 속에서 실현해야 하는 과제가 발생한다. 따라서 예배의 고차적인 가치와 의의가 실현되기 위해서는 예배의 원래적인 정치성이 인지되고 공유되고 체험되는 일이 최우선적으로 일어나야 하고 복원되어야 한다. 세상의 사회적 공공 영역에 대한 그리스도인의 정치적·윤리적 참여 활동을 이런 예배 사건을 증험하지 않고서 수행하는 것은 하나님의 의와 영광을 올바르게 드러낼 수 없을 것이다. 과도한 평가절하가 허용된다면, 그것은 그리스도인의 위조 내지는 유사 사회적 책임으로 여겨질 수도 있을 것이다.

---

7) 브라이언 왈쉬, 실비아 키이즈마트, 『천국과 제국』, 홍병룡 옮김, (서울: IVP, 2011) 참조.

예수가 제자들에게 하나님의 나라와 의를 먼저 구하면 의식주의 생존 문제가 해결될 것이라는 산상 설교의 말씀을 명령했을 때 그것은 초대 교회 공동체처럼 예배의 공사 화해 가능성을 이 땅에 현실적으로 일구어 내라는 뜻을 지시하는 것으로 해석될 수 없을까?[8] 그렇게 되면 자기의 것과 공동의 것이 구별이 되지 않으니 바로 이 지점에서 하나님의 정의와 인간의 최소 생존 욕구는 동시에 해결되기 때문이다. 의식주의 생필품을 다른 곳에서 이를테면 하나님에게서든 이웃에게서든 구할 필요가 없게 되지 않겠는가? 하나님의 나라는 공적 정의와 평화가 사적 경제적 필요와 분리되지 않고 하나로 통합되어 있는 것이 틀림없다. 이로부터 가장 영적 spiritual인 경험은 가장 사회적social이고 가장 정치적political 것이라는 귀결이 나온다. 그리하여 가장 물질적material이어야 한다는 점[9]도 드러난다. 거듭 말하지만 교회의 예배가 이러한 진리를 증험하는 변혁력을 제공할 수 있

---

8) 이러한 관점에서 오병이어의 기적 사건(막6:33-44)도 새롭게 해석할 수 있는 가능성이 열린다. 제자들은 배고픈 군중들에게 자기가 가진 빵과 물고기를 내놓지 않으려고 했지만 결국은 군중들과 공유함으로써 오천 명이 배불리 먹을 수 있는 사건이 벌어졌다. 제자들 스스로만을 위해 챙겨둔 먹거리를 분배와 공유의 절차를 거침으로써 모든 이들이 비상식량으로 몰래 가지고 있었던 먹거리들을 내놓게 되고 그렇게 해서 배불리 먹고도 남아서 열두 광주리가 가득 찼던 것이다. 물론 이러한 해석은 행간을 읽어내는 외삽법이다. 그렇지만 성경의 말씀을 더욱 힘차게 만들어 주는 효과를 유발한다. 이러한 해석의 정당성과 설득력을 소상히 알고 싶으면 다음을 참조. Ched Myers, *Binding the Strong Man: A Political Reading of Mark's Story of Jesus* (New York: Orbis, 2008), pp. 205-207.

9) 이런 점에서 물질적으로 확인되지 않는 영적 경험은 허구적인 데가 있다. 웬델 베리(Wendell Berry)는 이러한 영적 경험에 대해서 바람 같은 영혼이 천국에 들어가도록 주문을 외우는 일에만 몰입하는 것으로 묘사한다. 브라이언 왈쉬, 실비아 키이즈마트, 『천국과 제국』, 홍병룡 옮김, (서울: IVP, 2011), 290쪽 참조. 베리는 미국 켄터키에 사는 침례교인이고 문명비평가이다. 물론 나는 기독교에서 말하는 영적 경험의 인격적 사회적 변화력을 부정하지 않는다. 예수의 영적 권위가 제사장, 율법학자, 서기관을 제어하는 것이 그 사례이다. 또한 빌라도 같은 정치 권력자 앞에서 죽음을 목전에 두고도 그 권력을 담담하게 대하면서 하나님의 권세 아래 있는 것에 불과한 것으로 보는 내적 권위의 힘을 보라. 이 점에서 예수는 매우 고차원적 의미의 정치적 힘을 갖고 있는 정치적 지도자이다. 예수 권위의 정치적 힘의 성격에 대해서는 다음을 참조. Natalie Depraz, "Socrates, Christ and Buddha as Political Leaders", K. Thompson and L. Embree, eds., *Phenomenology of the Political* (Dordrecht, Netherlands: Kluwer Academic Publishers, 2000), pp. 121-132.

는가가 문제이다. 예배의 실제가 사실 그렇고 또 그래야만 한다면, 바로 그 점에서만큼은 현대의 예배는 예배일 수가 없겠다.

3. 예배의 정치적 영향력

이제 이러한 의미로 예배하는 교회가 국가와 사회의 공공 영역과 어떻게 관련을 맺는지를 성찰해 보자. 앞에서 교회의 성도나 회중이 공중적이라거나 공적 존재라고 하는 것이 무엇을 의미하는지를 이해했다고 가정한다면, 교회 또는 예배에서 말하는 공공성이라는 것은 결코 세속적 의미에서 경제적, 사회적, 정치적 공공 영역이라는 의미와 동일할 수 없다는 것은 분명하다. 예배는 정치적인 것이지만 동시에 정치적인 것을 초월하기 때문이다. 또한 정치적 행위라고 하는 것이 세상이 말하는 의미의 정치적 행위일 수 없는 것도 분명하다. 왜냐하면 우리는 정치적 행위의 본래적 참된 의미를 예배라는 특유한 행위 또는 예배하는 행위에 의거해서 규정하고자 했기 때문이다.

이러한 의미의 교회의 정치적 공중이 일반 사회의 공중과 만나는 방식은 어떠하고 또는 어떠해야 하는가? 달리 표현해서, 하나님 나라의 시민이 세상의 시민과 만날 때 어떻게 공헌할 수 있는가? 교회의 본래적인 정치적 행동과 생활이 어떻게 일반 사회의 그것에다 영향을 줄 수 있는가? 자칫 잘못 하면 일반 사회에 대한 교회의 영향과 기여는 세상의 정치권력의 영향력 행사가 저지르는 오류를 그대로 반복할 것이다. 교회의 예배가 이러한 위험성에서 자유로울 수 없을 것이라는 지적은 매우 설득력이 있다. 그러나 일단 그것이 세상적 권력 행사의 것과 구분되는 것이라는 점을 주목하자. 그렇다면 그 위험성은 완화되고 감소될 것이다. 사실을 말하면 세상 권력 행사에 저항할 수 있는 것은 교회의 정치적 예배를 맛본 그리스도인 공중 백성이 할 수 있는 일임에 틀림없다. 왜곡과 부작용이 있을지라도 말이다. 아니 그 반대를 도리어 강조하고 싶다. 즉 일반 사회의 공중에게 일반 사회의 비인간성을 치유하는 대항 사회counter-society로서 자기 자신을 제시하고 공표함으로써 예배가 얼마나 위험한 폭발물인가를 보여주는 일 말이다. 교회는 예배가 테러리스트의 폭탄처럼 일반 사회와 공중에게 위험한 일이라는 것을 실증해야 한다.[10]

예배로부터 계산되는 정치적 공헌이나 영감을 얻는 행동 형태가 있는가? 그리스도인이 예배의 공적 정치적 본성을 잊지 않고 공공연하게 행동하는 것은 결코 쉬운 일이 아니다. 더욱이 그리스도인의 말과 행동의 불일치는 세상 사람들에게 너무 깊은 불신을 초래해서 곧이곧대로 받아들일 수 없고 의심의 해석학Hermeneutics of Suspicion을 수행해야만 즉 신뢰하기 보다는 불신하고 의심해야만 진의를 알 수 있게 되는 지경에 이르렀다. 그럼에도 불구하고 교회의 참다운 의미의 정치적 공중만이 공공 영역에서 기독교에 대한 불신의 사회적 고착화를 제거하고 의심의 해석학을 무위화할 수 있다는 주장을 내세우지 않을 수 없다. 원리적으로, 교회의 정치적 예배의 정상화만이 한국 교계와 사회의 정치적 영역에서 형성되고 만연한 거짓과 부패와 기만이 물러갈 것이다. 교회가 예배의 정치적 빛을 어둠 속에 비출 때 어둠의 악마적 세력은 패퇴될 것이다. 요1:5 [11] 교회 예배 정치력의 세례를 받은 사람만이 국가 사회의 정치적 영역을 비롯한 여타 공공

---

10) 소크라테스는 기존 지배 체제에 의해서 아테네 도시 국가를 타락시키는 자로서 고발되어 독배를 마시고 사형되었다. 예수는 기존 지배 계층으로부터 이스라엘을 미혹하거나 타락시키는 자로서 고발되어 종교 재판과 사법 재판을 각각 3회씩 받고 십자가에 처형되었다. 이러한 예수의 삶의 역사적 형태를 이 시대에 실증하는 그리스도인은 정말로 보기가 쉽지 않다. 이러한 예수의 정신을 성육신하는 자비와 은혜는 오로지 하나님의 주권에만 달린 것일까?

11) "그 빛이 어둠 속에 비치니 어둠이 그 빛을 이기지 못하였다."(표준새번역)

영역에서 사회적 통합과 평화를 이룰 수 있을 것이다.

이러한 예배에서 빚어지는 하나님의 사람이 없이는 정의와 사랑이 사회·정치·경제 현실에 진정으로 임할 수 없을 것이다. 복음의 정치력이 하나님의 시민에게 회복되고 내화될 때 비로소 교회의 예배와 하나님의 시민으로서 사는 삶은 인간의 정치와 불의한 현실과 폭력적인 기존 체제에 위기감을 자아내는 폭탄이 될 것이다. ─ 마치 초대 교회의 예배가 로마 제국에게 체제 위협으로 인지되었듯이. 이러한 비전이 신뢰할 만한 것이라면 교회의 정치적 예배는 교회뿐만 아니라 일반 사회에게도 절대적으로 필요한 것이다.

신뢰하는 사람은 신뢰하는 사람대로, 불신하고 의심하는 사람은 의심하는 대로 저마다 삶의 형식을 공유하고 있다. 이러한 공유된 삶의 형식을 넘어서 또는 그 사이에 제3의 하나님 나라 백성의 삶의 형식을 어떻게 뿌리 내리게 할 것인가? 교회의 예배의 정치성을 구현하고 형상화하는 문화를 어떻게 창조할 것인가? 예배가 정치에 위협이 될 것이라는 소리를 누가 경청할 것인가? 그래도 하나님의 백성이 할 수밖에 없다. 하나님이 태곳적부터 이스라엘 민족을 세상을 통치하고 리더하는 제사장으로서 세웠듯이 교회의 성도 이외에 왕 같은 제사장으로 이스라엘 민족이 하던 역할을 대신할 사람을 하나님은 달리 세운 적이 없다.[12]

니체의 초인 정치, 마르크스의 프롤레타리아 독재, 프로이드의 정신 분석이 정치성을 어떻게 규정하든 결국에는 반그리스도적anti-christ이다. 이들에게 예배의 본래적 정치성은 존재하지 않는다. 교회는 그 근저에 세

---

12) 신약 이후로 성도 만인은 제사장이 되었지만 이를 좀 더 쉽게 풀이하면 생활의 모든 면에서 목회자가 되었다는 뜻이다. 전문 신학 교육을 받아 특화된 전문 목회자로는 아니지만 생활 목회자로서 살게 되었다는 말이다.

속성을 두는 이들의 비본래적 정치를 따라갈 수 없다. 또한 예배를 성도 개개인의 내면 세계의 치유와 위로의 관점에서 기능적으로만 이해하고 마는 사유화私有化/privatized된 교회 역시 너무나 탈정치화되어 있다. 의심의 해석학에 물들어 있는 사상가나 사람들에 대해서라면, 불신과 의심으로는 진리에 도달할 수 없는 하나님의 신실한 말씀 이외에 다른 해결책이 없다는 것은 자명한 이치이다.

그들은 예배에서 예배하는 공동체에게 말씀하시는 신실한 하나님과 그 분의 음성을 듣는 것을 학습해야 한다. 물론 서로 다른 음성과 확신이 예배하는 공동체에 있다. 그러나 그러한 갈등은 타자의 말을 서로 인정하면서도 하나님에 대한 신뢰의 해석학Hermeneutics of Trust에 의거해서 처리되고 해결될 수 있다. 하나님의 백성은 의심의 해석학의 대가와는 다르게 신뢰의 해석을 계속적으로 실천해 감으로써 말씀의 권능과 권위를 경험한다. 우리가 이미 타인의 말을 자기 자신을 대하고 언급하는 말로 인정하지 않는다면 불신과 비판은 아예 존재할 수조차 없을 것이다. 신뢰가 불신과 의심보다 먼저이다. 타인에 대한 신뢰를 전혀 기대하지 않거나 고려할 수 없는데도 그의 말을 진지하게 취할 수는 없는 법이다. [13]

---

13) 타인에 대한 신뢰와 인식을 철학과 윤리학의 아르키메데스적 지렛점으로 삼은 사람은 유태계 철학자 레비나스인데 그의 도덕 철학은 타자 이해에 대한 획기적인 전환을 가져왔고 우리에게 엄청난 도덕적 경험과 진리를 제공했다. 그의 최종 메시지는 나(subject)는 곧 너를 위한 종(subject)이라는 명법이다. 이것은 "네 이웃을 네 몸과 같이 사랑하라", "남에게 대접받고자 하는 대로 너희도 남을 대접하라"는 하나님의 율법의 정신 그 자체이다. 예수의 황금률은 타자를 사랑하는 것은 자기를 사랑하는 듯이 해야 한다는 것이고, 자기 자신의 관심과 행복와 이익을 우선시하고 사랑하는 것과 같은 마음으로 타자를 대하고 위하라는 것이므로 자기를 사랑할 줄 모르면 타인을 사랑할 수 없다는 점을 함축한다. 바로 여기서 타인은 자기 자신과 대등한 존재이고 그런 존재로서 취급되고 대우된다. 마찬가지로 "눈에는 눈, 이에는 이"라는 동해보복의 율법도 달리 보면 그 정신은 황금률을 표현하고 있다. 탈리오의 법칙은 자기의 몸을 사랑하는 그만큼 동등한 대가를 타인에게 요구하는 원리이므로 이를 거꾸로 이해하면 타인의 몸을 자기의 몸과 같은 대등 존재로 취급하지 않으면 안 된다는 것을 의미한다. 따라서 동해보복법은 뒤집어 보면 타인에 대한 인식과 신뢰와 존중의 정신을 품고 있다. "눈

이러한 관점에서 의심의 해석학은 사람으로 하여금 같이 행동할 수 없도록 방해하기 때문에 탈정치적이라고 말해진다. 반면 신뢰는 다른 사람과 연대하게 한다. 사람은 신뢰 때문에 행동을 같이한다. 의심의 해석학도 소급해 보면, 먼저 믿었다가 배신 당하는 실망의 경험에서 나오는 어찌 보면 단순한 반응이요 그 결과가 아닌가? 그러므로 그 믿음은 단순한 반응으로 곧바로 대체물을 찾기 마련이다. 배반 당한 사람은 그때그때마다 다른 사람에게로 향한다. 세상 정치는 배반한 사람에게 보복을 가하지만 하나님의 백성은 예배에서 그 사람을 용서한다. 이러한 용서는 그 자체로 하나의 정치적 행위이다. 그러나 그것은 세상 정치가 아니라 하나님의 정치이다. 그리스도인이 용서를 실천하는 것은 배반한 그 사람을 탈리오의 법칙 즉 동해 보복법의 대상에서 자유롭게 해 준다는 의미에서 정치적 충격을 던지는 것이고 정치적 효과를 불러 올 수 있다. 이러한 용서는 정치하는 사람으로 하여금 예전과 다른 정치적 행동을 하게 할 수 있다는 점에서 예배의 본래적 정치성을 구현한다. 이러한 용서의 정치라는 관점에서 볼 때 의심의 해석학은 반정치적인 면이 있다. 왜냐하면 그것은 교회 예배가 이루는 본래적인 정치에 일치하는 것이 아니라 따라서 비본래적인 의미의 정치를 행하는 것이기 때문이다.

이러한 맥락에서 볼 때, 교회의 정치적 예배는 사람들로 하여금 정치적 방식으로 행동할 수 있도록 만들어 준다고 말할 수 있다. 그러나 그것은 헌법이 보장하는 참정권을 부여 받고 행사함으로써도 형성되는 정치적 행동도 아니요 현대사회의 정치적 의사소통의 가능 조건을 탐구하고 발

에는 눈, 이에는 이"의 율법은 그 꺼풀을 벗기면 나의 눈이 너의 눈과 같은 것이라는 점을 의미한다. 바꾸어 말하면 동해 복수의 윤리와 이웃 사랑의 윤리는 그 정신에서 나와 너의 동일성의 서로 다른 윤리적 표현이고 타자를 자기 자신으로서 즉 그야말로 타자를 타자로서 인정하고 용납하지 않으면 성립할 수 없는 도덕 법칙인 셈이다.

견하는 이론적 절차에 의해서 성취되는 정치적 행동도 아니다. 요컨대 교회의 예배의 정치성이 사람의 정치성을 형성하고 정치적 동물로 만들어 가는 방식은 세상이 그렇게 하는 방식과는 다르다는 것이다. 그것은 하나님의 신실하심과 신실한 말씀을 신뢰하는 법을 배우는 교회의 정치적 예배에 참여함으로써이다.

예배의 정치적 특징은 예배하는 공중 성도를 다른 공중들과 연결시키는 정치적 행동 형태와 삶의 형태를 가능하게 하는 능력을 부어준다. 교회의 예배는 바른 예배라면, 하나님의 정치에 동참하고 찬미하면서 하나님의 시민이자 가족으로서 자신의 직업에 따라 충실하게 행위하고 판단하고 살 수 있도록 할 수 있다. 예배에서 이러한 능력이 부어진다면 세상과 사회에 대한 그리스도인의 책임 문제는 그토록 많은 말들이 필요 없을 것이다. 교회의 정치는 자연스럽게 일상적 삶과 필수 불가결하게 연결될 것이다. 교회의 예배는 한 편으로는 정치를 안전하게 제약하고 건강하게 만들며 다른 한 편으로는 정치적 행동력을 공급할 것이다. 그러므로 교회의 예배는 정치적 예배로서 소위 정치라는 특수 영역에 관계하는 것으로 생각하지 않고 정치를 독특한 삶의 형식, 다시 말해서 인간 삶의 제반 영역에서 살아 내야 하는 보편적 삶의 형식으로 규정하는 바이다. 바울은 이러한 삶을 살아내라고 "여러분은 이 시대의 풍조를 본받지 말고 마음을 새롭게 함으로 변화를 받아서, 하나님의 선하시고 기뻐하시고 완전하신 뜻이 무엇인지를 분별하도록 하십시오"롬12:2라고 말한 것이리라! 결론적으로, 그리스도인의 정치적 삶이 그리스도인의 윤리성과 도덕성을 대표하고 증거한다고 힘주어 말하고 싶다. 다시 한 번, 모든 문제가 교회의 정치적 예배를 현대사회에 재현하는 문제로 귀일하는 것을 본다.

4. 그리스도인의 정치적 역할

앞서 말한 바와 같이 우리가 정치를 삶의 형식으로서 이해한다면, 그리스도인으로서 우리는 하나님의 정치든 사람의 정치든 정치적인 것을 비껴갈 수 없다. 따라서 사회-정치적 현실에서 그리스도인은 자신의 정치적 역할을 수행해야만 한다.[14] 그리스도인의 정치적 역할은 그리스도인의 운명이고 삶의 근본 조건이다. 이렇듯 그리스도인의 기본 신분은 하나님 나라의 백성이고 시민이지만 세속 사회에서는 사람의 정치의 일원 이를테면 국가의 국민이고 시민이다. 그리스도인은 일반 사회의 시민으로서 의무와 권리를 다해야 하지만 보다 근본적으로는 하나님 나라의 시민으로서 수행해야 하는 의무와 권리가 우선이다. 정치적 상황에서 선택과 결단을 해야 하는 순간에 양자가 일치할 때가 있으며 불일치할 때가 있다. 여기서 두 신분 사이의 갈등이 초래된다. 물론 우리는 일반 시민으로서 선한 일을 할 때가 많다. 그러나 우리가 정치적 역할을 세속 도시에서 수행할 때 그것이 일반 은총의 차원에서이든 특수 은총의 차원에서이든 무엇보다도 먼저 신국神國 시민市民으로서 수행해야 한다는 요구가 보다 선차적이고 보다 근원적이라는 것이다. 그것은 그리스도인으로서의 우리의 정체성 때문이 아닌가 싶다. "사람은 누구나 위에 있는 권세에 복종해야 합니다"롬13:1라는 말씀도 그리스도인으로서 우리에게 부과되는 정치적 의무이지 일반 시민으로서 그런 것은 아닐 것이다.

이 점을 각별하게 고려할 때 우리는 시민으로서 그리스도인이라기보다는 그리스도인으로서 시민이라는 것이 더 정확한 표현이다. 따라서 정

---

14) 기독 신자가 정치 영역에서 감당할 수 있는 역할에 관한 원만하고 건전한 신앙 입문으로는 다음을 참조. 존 레데콥, 『기독교 정치학』, 배덕만 옮김, (서울: 대장간, 2011), 특히 120-151쪽.

치적 권위와 권력에 대해서도 우리는 그리스도인으로서 복종하지 시민으로서 복종하는 것은 아니다. 정치적인 것에 대한 우리의 반응 이를테면 저항과 복종은 그리스도인으로서 수행하는 정치적 의무요 권리요 역할인 것이다. 정치적 권위에 대한 그리스도인의 복종은 모든 권세가 하나님으로부터 오는 것이기에 복종하는 것이지 달리는 아니다. 이 점에서 우리는 신민臣民이다. 그러나 우리는 하나님의 주권을 대표하는 또는 대리하는 시민市民 즉 신민神民으로서 신민臣民이지 그 반대는 아니다. 그렇다면 어떠한 정치적 참여도 그리스도인에게는 성령에 속한 생각의 문제이지 육에 속한 생각의 문제는 아니다. 그것은 성령의 법의 문제이지 죄와 사망의 법의 문제는 아니다. 정치의 문제는 뜻이 하늘에서 이루어져야 비로소 땅에서도 이루어질 수 있는 문제인 것이다.

신민臣民으로서 시민市民은 정치적 권위에 저항해서는 안 되는 반면, 그리스도인으로서의 시민은 정치적 권위와 권력이 각 사람에게 유익을 위해서, 또는 좋은 일을 위해서 말하자면 공동선을 위해서 섬기지diakonia 않을 때 불복종 저항 운동을 전개한다. 이러한 관점에서 정치적 권위의 적법성 또는 정당성은 그 권위가 그리스도인으로서의 시민이 보기에 실제적으로 무엇을 하는가에 달려 있다고 해도 크게 틀리지는 않는다. 이것이 하나님이 현존하는 권세를 세운 이유이다. 정치적 권위가 선을 규정하는 것이 아니라 선이 정치적 권위를 규정한다. 혹은 공권력이 선을 규정하는 것이 아니라 선이 공권력을 규정한다. 따라서 정치적 권위는 선이 무엇인가를 규정할 수 없다. 물론 이 선의 본성이 무엇인가 하는 문제는 여전히 남아 있긴 하지만 말이다.

이리하여, 현존하는 정치적 권위는 그 원천인 오직 선한 한 분만의 권위와의 연관 구조 아래서만 평가되어야 하고 따라서 기존 권위의 정당성이 하나님이 세운 것이라고 해서 무조건적으로 정당화하거나 합법화하면 안 된다. 이미 그 권위가 기정 사실화되었다고 해서 하나님이 세워주신 것이라고 속단하기보다는 그 권위가 최고 주권의 권위인 그 분과 어떻게 관련되어 있는가의 여부에 따라서 정당화되거나 말거나 해야 할 것이다.[15] 모든 권세가 하나님으로부터 오는 것이라고 해서 현존하는 세상의 권위가 모두 정당화되는 것은 아닐 터인즉 하물며 그 권위의 현실적 행사에 대해서랴. 따라서 그리스도인으로서의 시민에게는, 정치적 권력이 명하는 구체적 요구에 불응하는 것이 도리어 신적 의미나 세속적 의미에서 진정한 복종일 수 있다. 어쨌든 복종 행위나 불복종 행위나 그 둘 모두의 원천은 정치적 권위가 하나님의 뜻에 합당한 공동선을 섬기느냐 아니냐에 놓여 있다.

이러한 이유에서 초대 교회의 그리스도인들은 로마 제국의 신민臣民으로서 제국의 황제 신 숭배를 거절할 수밖에 없었고 그것이 그들에게는 그들의 정치적 역할이었고 의무였다. 그들은 세상의 통치자가 나쁜 일을 벌하고 좋은 일을 권하는 과업을 수행하는 하나님의 종이라는 것을 알고 있었기 때문에 정부의 일에 동참은 하되 특수한 방식 말하자면 신이 지정한 특수한 방식으로 그 목적과 역할을 수행했던 것이다. 이것은 당시의 통치 체제에 대한 하나의 혁명가적 실천으로 해석될 수 있다. 단적으로 말해서, 그것은 기존 체제와 이데올로기에 대한 사회 혁명적 시민 의식이요 실천이었다. 그러나 여기에는 저항과 불복종뿐만 아니라 체제의 폭력성, 세상 통치자의 회개, 그 진정한 회심, 그들 마음의 행습의 변혁, 전쟁 대신

---

15) 이러한 관점에서 하나님 나라의 공의와 정의를 가치 척도로 삼아서 대한민국 역대 정권을 비판적으로 평가 해야 한다. 2012년 4월 총선과 12월 대선 그리고 차기 정부에 대한 감시와 견제도 연고와 정실과 친소에서 가 아니라 기독교의 보편적 가치의 실현 여부라는 시각에서 접근되어야 한다.

평화를 기원하는 중보 기도까지가 포함되어 있다는 사실을 잊어서는 안
된다. 딤전2:2 16)

5. 결론: 그리스도인의 시민권의 회복

교회가 예배를 통해서 이러한 정치적 역할을 하는 신국 시민을 길러 내
는 것이야말로 가장 시급한 과제이다. 이러한 시민 의식을 가진 그리스도
인들을 믿음의 동지로서 교육하는 것이 교회 교육이 회복해야 할 근본이
다. 그리스도인이 시민으로서 영위하는 삶의 형식의 요체는 바로 이러한
종류의 정치적 연대감이다. 이러한 시민 의식의 기초는 주권재민主權在民
사상이 아니라 주권재신主權在神 사상이다. 정치적 현실의 먹잇감이 되는
시민이 아니라 정치 불신의 악순환의 고리를 끊을 수 있는 시민을 양성하
는 것이 교회 교육의 목표이다. 진정한 의미에서 그리스도인의 시민권은
교육 없이 존재할 수 없고 올곧게 행사될 수 없다. 그러나 그리스도인의
시민권은 교육을 필요로 하지만 그 교육은 민주 시민을 위해서 개설되는
정치 교육과 같은 것일 수 없다. 그리스도인의 시민권은 우리의 영혼이 하
나님과의 만남에서 다듬어지고 혁명가적 의식으로 혁신되는 과정에서 창
발한다. 그것은 세상의 정치 교양 교육에서처럼 시민의 의무나 권리를 계
도한다고 해서 일어나는 것이 아니다. 그것은 하나님의 사건으로서 일어
난다. 그리스도인의 시민권은 인민이 좋은 민주 시민 교육을 받음으로써
건전한 시민이 되는 그런 류의 것이 아니다.

그리스도인이 소유하는 시민권은 영혼 교육에 의해서 형성된다. 사실,

---

16) "왕들과 높은 지위에 있는 모든 사람을 위해서도 기도하십시오. 그것은 우리가 경건하고 품
위 있게 조용하고 평화로운 생활을 하기 위함입니다."(표준새번역)

어떤 의미에서 우리가 받는 모든 교육이 영혼을 교육하는 것이 아니라면 본말이 전도되어 있다고도 말해질 수 있다. 경제와 자본의 논리에 의해서 전문 교육과 교양 교육이 변질되어서 그렇지 옛적부터 모든 교육은 영혼의 변화를 추구하는 것이 아니었던가! 현재의 세속적 시민 교육은 가치 있고 유용한 것이지만 여전히 내적 영혼의 근원적 혁명보다 비판적 시민 의식을 고양하는 개량적 변화의 제공에 그친다. 그러나 그리스도인인 우리의 입장에서 보면, 그보다는 사람이 하나님의 영의 주체로서 시민권을 행사하는 영혼을 형성하는 것이 더 우선이다.

기존 사회·교육 체제의 지배 논리와 자본주의에 물들어 세속화되어 있는 바 각종 문화 시민 교실 강좌를 지역 사회에 제공하고 있는 교회 교육도 역시 이러한 방향으로 시급히 조정되고 갱신되어야 한다. 교회 내부에서 진행되는 각종 영성 훈련과 제자도를 위한 교육 활동은 영적 주체로서 시민권을 행사하는 그리스도인으로 양성하는 방향으로 전환해야 하는 것은 더욱 말할 나위가 없다. 현재의 교회 교육은 교회의 내외부에서 하나님의 주권과 가치가 침탈되는데도 속수무책이고 사회의 공동선을 제고하려는 경쟁력 면에서도 무인지경이다. 특히 교회의 내부에서 그리스도인의 시민권은 찾아보기가 매우 힘들고 이미 변질되고 타락한지 오래이다.

그러므로 영혼에게 시민권을 찾아 주는 것이 가장 급선무이다. 영혼에게 시민권을 형성하고 강화하고 심화하는 실천과 실제는 무엇인가? 어떻게 하면 영혼의 시민권을 구현할 수 있는가? 그러한 교육과 제도는 무엇인가? 민주 사회의 어느 곳 어느 조직과 기구가 그런 모형이나 범례를 암시적으로라도 보여주는가? 기독교 초기의 오순절 공동체는 왜 지속 가능한 발전을 하지 못하고 지상에서 사라졌는가? 이러한 물음과 해답을 위한 정치적 권위·권력·정부를 탐색하는 것이 가능한가? 만일 이러한 문제들과 관련되는 실천과 제도를 지원하고 보호하는 지상의 정부와 권력이 존재한다면, 그러한 조직을 어떻게 지속시킬 수 있는가? 지상의 교회가 그러한 정부와 권력 체제를 판별하고 그리스도인에게 시민권을 양성하는 자원으로서 감시하고 지원해야 하지 않는가? 이러한 실천을 수행함으로써 영혼의 시민권을 형성해 주는 교회 공동체 또는 교회의 예배는 어디에 현존하는가? 교회에서 그러한 영혼의 시민권을 형성해 주는가? 예배를 영혼의 시민권을 훈련하고 실천하는 제도로 이해시키는 교육은 어떻게 구체화될 수 있는가? 예배는 약자라서 자기 소리를 내지 못하는 사람들을 위해 변호하고자 입을 여는 잠31:8 [17] 용감한 실천을 왜 가르치지 않는가?

예배는 그리스도인의 시민권을 교육하고 실천하는 정치적 현장이요 실재이어야 한다. 믿음, 소망, 사랑은 민주 사회를 살고 있는 그리스도인 특유의 시민적 교양 덕목에서 그칠 것이 아니라 신학적 덕목으로서 불의한 현실과 권위에 저항하면서 용기를 잃지 않고 지속적으로 인내하면서 정의를 실현해 가는 바 정치적 실천과 투쟁의 원천이어야 한다. 예배는 믿음, 소망, 사랑이 그리스도인이 소유하는 종교적 덕목이나 품성이라고만 가르칠 것이 아니라[18] 정치적 실천과 투쟁을 위한 그리스도인의 시민권이라는 것을 이해해야 한다.

아울러 교회와 신학이 이러한 영혼의 시민권을 형성하고 가르치는 교

---

17) "너는 벙어리처럼 할 말을 못하는 사람과 더불어 고통 속에 있는 사람들의 송사를 변호하여 입을 열어라."(표준새번역)
18) 전통적으로 인지되어 온 바, 지혜·용기·절제·정의와 같은 네 가지 기본 덕목을 위시해서 믿음·소망·사랑과 같은 신학적 덕목이 내면적 심리 세계의 품성으로만 이해되고 마는 이 고질적인 영성 교육은 시급히 교정되어야 한다. 원래는 지혜, 용기, 절제, 정의는 플라톤의 대화편 『국가(Republic)』, 『법률(The Laws)』에 나오는 정치적 덕목으로서 지혜를 지도자로 삼아 절제와 용기가 함께 결합하면 정의가 탄생한다는 정치적 이상 사회 구성의 목적론적 개념이다.

육 과정을 개발하는 문제도 매우 중대한 과제이다.[19] 아마도 모든 영혼과 영혼 교육이 희구하는 바, 바울의 빈부에 관계없이 자족하는 일체의 비결, 루터의 적과 동지를 구별하지 않는 그리스도인의 대자유가 그 전제 조건이어야 할 것이다. 어쨌든, 이러한 비결과 자유를 갈망하는 그리스도인에게 던지고 싶은 것은 바로 이것이다: 글로벌 시대의 민주 시민citizen과 같지도 않고 정부와 국가의 권위에 복종하는 국민nation도 아니고 그렇다고 단순한 인민people도 아니고 더욱이 부르주아bourgeois도 프롤레타리아proletariat도 아닌 매우 특수한 존재로서 이 시대를 살아가는 그리스도인이 정치적으로 선택해야 하는 존재 방식 또는 존재 가능성은 어떤 형태를 띠어야 하는가?[20]

---

19) 현재 한국 교회의 문제는 여러 요인에 기인하는 것이지만 무엇보다도 교회를 사랑의 공동체로만 보고 정치적 사회로 이해하려 하지 않는다는 점이다. 한국 교회의 갈등과 분쟁은 근본적으로 교회 정치에서 발생하는 것인데 그 점은 애써 외면하고 사랑과 은혜로만 문제를 해결하려는 접근 방법과 의사 결정 구조에 중독되어 있다 보니 해결은커녕 문제가 확대된다고 볼 수 있다. 기독교 역사의 건강한 정치 신학적 전통을 회복하고 현대사회의 제반 문제에 적용하는 해결책을 제시하는 정치 신학 교육이 시행되어야 한다. 한국 기독 신자의 정치적 사회적 의식 및 판단 방식의 변화와 교회 교육 제도 개혁이 병행될 때 기독 신자는 역사의 주라고 계시된 예수 그리스도의 왕적 통치를 현대사회에 고백하고 증언할 수 있으며 사회적 정치적 인식과 가치 판단의 저급한 수준을 탈피할 수 있을 것이다. 사회 변화와 구조의 개혁 현장에 임하는 하나님의 영광을 교육 받은 적이 없는 자가 어떻게 역사를 주관하는 하나님의 통치를 '여기에 기쁜 소식이 있다' 라고 외칠 수 있겠 는가? 우리는 예수의 어머니가 한 것처럼 마리아의 역사적 찬가(누가복음 1:51-54)를 부를 수 있는가? 우리는 갈릴리 나인 성읍에 사는 많은 사람들이 한 것처럼 하나님을 역사적으로 찬양(누가복음 7:16)할 수 있는가?

20) 나는 이러한 문제의식에서 팔복의 영성에 대한 한국 교회와 성도의 일반적 이해가 얼마나 잘못되었는지를 철저히 반성하고 회개해야 한다고 생각한다. 산상 수훈의 팔복(마5:3-9)은 개인에게 주어지는 내면적 경건의 요소가 전혀 없는 것은 아니지만, 그 정수는 하나님의 나라가 지상에서 이루어지기 위한 급진적인 정치적 설교로서 지배적인 권력 구조를 뒤엎는 혁명적인 행동 강령이다. 예수는 팔복의 실천을 통해서 하나님의 나라를 이 땅에 이루려고 했다. 예수 혁명은 기존의 패러다임과는 근본적으로 다르다. 팔복을 사회 경제 정치 등을 비롯한 삶의 제반 영역에서 총체적 통전적으로 수행하는 것이 하나님 나라의 혁명 운동이다. 이것이 교회와 성도의 존재 방식이어야 할 것이다. 이러한 의미에서 그리스도인은 천국 사회 혁명가들이고 팔 복을 실천하는 그리스도인들은 기존의 사회경제적 체제와 질서에 대한 변혁을 가져온다. 한국교회와 성도는 이러한 혁명적인 메시아 그룹 조직으로서 복음의 혁명적 차원을 되살리는 공동체로 거듭나야 한다. 이러한 혁명적 행동의 안전을 보장하는 자물

이 물음은 한국 교회가 기독 시민 양성 교육과정을 무엇으로 어떻게 구성해야 하는가 하는 과제로 연결된다. 한국 교회는 기본적으로 보수 정치를 지향해 왔기 때문에 앞으로는 정치적 스펙트럼을 좌측으로 옮겨가야 하는 것이 그 대체적 전망일 것이다. 이러한 방향성은 진보적 정치 실현을 전향적으로 품어 안는 것을 의미한다. 계속해서 우경화되면 한국 교회는 한국 사회에서 고립될 개연성이 매우 높다. 복음주의 진영이 늦게라도 로잔회의 선언을 통해서 사회 변혁에 대한 관심을 천명했지만 그 내용을 교회 안으로 가져오기에는 너무나 요원하다. 그렇다고 더 이상 우경화로 경도될 수 없는 시점에 다다랐기 때문에 교회의 존립과 지속 가능한 발전을 위해서라도 회개하고 합당한 열매를 보여주지 않으면 안 될 것이다. 한국 교회는 한국 사회에서 사회적 신뢰도와 공신력을 너무 많이 잃어버려서 그 회복에는 몇 배 이상의 세월이 소요될 것이다. 따라서 복음주의권 보수 진영은 조금 더 진보 기독교 진영으로 발걸음을 재촉하고 세계교회협의회의 사회 변혁 운동과 대화에서 많이 배울 필요가 있다. 보다 구체적인 제언으로는, 교회 교육 과정에서 그 축을 소위 제자 교육, 개인 전도, 해외 종족 선교 중점에서 도시 사회 선교 중심으로 옮겨가야 할 것이다. 복음 전도를 개인 전도와 교회 개척으로 축소하지 말고 총체적 복음, 통전적 복음을 사회화할 수 있는 교육 과정을 짜야 할 것이다. 특히 한국 교회와 그리스도인들에게 육화되어 있는 이중 윤리성 다시 말해서 산상수훈의 팔복의 영성[21]을 개인화하고 내면화하는 교육만 받고 사회적·정치적 제자

쇠가 바로 예수의 부활이다. 예수의 부활 말고는 이러한 혁명적인 단체의 안보를 보장할 수 있는 방법이 없기 때문이다. 톰 라이트, 『예배를 말하다』, 최현만 옮김 (서울: 에클레시아 북스, 2010), 219–239쪽 참조.

21) 팔복의 영성을 내면적 차원과 사회적 차원으로 구분하지 않고 통합해서 이해하는 데 작은 도움을 줄 수 있 는 글로는 다음을 참조. 류의근·윤상진, 『도여서』(서울: 기독교문서선교회, 2005).

도로서 실현할 줄 몰라서 정치 사회 체제의 구조적 죄악에 순응하고 물러서는 이원론적 성향을 치유하고 극복할 수 있는 신앙·신학 교육이 시급하다. 교회의 정치 참여 또는 사회적 변화에 대한 책임을 복음 따로 사회 따로라는 이원론적 신학이 아닌 통전적 신학을 바탕으로 해서 교육적으로 구성하고 교회에 보급하는 것이 당면한 긴급 과제이다.[22]

22) 이 글은 "예배, 정치, 기독 시민 교육"의 제목으로 기독교학문연구회 학술지 『신앙과 학문』 (17권 3호, 2012년 9월)에 발표되었다.

참고문헌

기윤실 산하 삶의 정치윤리운동 분과 편,『성서적 정치 실천』, 서울: 프리칭 아카
　　데미, 2010.

김근주·김유준·김회권·남기업·신현우,『희년, 한국 사회, 하나님 나라』, 서울:
　　홍 성사, 2012.

김형원,『정치하는 그리스도인』, 서울: SFC 출판부, 2012.

뉴비긴, 레슬리,『교회란 무엇인가』, 홍병룡 옮김, 서울: IVP, 2010.

라이트, 톰,『예배를 말하다』, 최현만 옮김, 서울: 에클레시아북스, 2010.

레데콥, 존,『기독교 정치학』, 배덕만 옮김, 서울: 대장간, 2011.

마샬, 엘렌,『광장에 선 그리스도인』, 대장간 편집실 옮김, 서울: 대장간, 2010.

맥클라렌, 브라이언,『예수에게서 답을 찾다』, 김선일 옮김, 서울: 포이에마,
　　2010.

모트, 스티븐,『복음과 새로운 사회』, 이문장 옮김, 서울: 대장간, 1999.

보그, 마커스·톰 라이트,『예수의 의미』, 김준우 옮김. 서울: 한국기독교연구소,
　　2001.

엘륄, 자끄,『정치적 착각』, 하태환 옮김. 서울: 대장간, 2011.

옷토, 루돌프,『성스러움의 의미』, 길희성 옮김. 서울: 분도출판사, 1991.

왈쉬, 브라이언·실바아 키즈마트,『천국과 제국』, 홍병룡 옮김, 서울: IVP,
　　2011.

요더, 존,『예수의 정치학』, 신원하·권연경 옮김, 서울: IVP, 2007.

월리스, 짐,『그리스도인이 세상을 바꾸는 7가지 방법: 기독교의 미래에 대한 희
　　망보고서』, 배덕만 옮김, 서울: 살림, 2009.

차정식,『예수, 한국 사회에 답하다: 우리 시대의 23가지 쟁점과 성서적 해법』, 서
　　울: 새물결플러스, 2012.

캐버너, 존,『소비사회를 사는 그리스도인』, 박세혁 옮김, 서울: IVP, 2011.

크리프트, 피터,『예수철학』, 류의근 옮김, 서울: 서광사, 2010.

헤이스, 리차드,『신약의 윤리적 비전』, 유승원 옮김, 서울: IVP, 2002.

Howard−Brook, Wes & Anthony Gwyther, eds., *Unveiling Empire: Reading Revela-tion Then and Now*, Maryknoll, NY: Orbis Books, 1999.

Wannenwetsch, Bernd, *Political Worhsip*, New York: Oxford University Press, 2004.

Winker, Walter, *When the Powers Fall: Reconciliation in the Healing of Nations*. Minneapolis, MN: Augsburg Fortress, 1998.

제2장

현대 기술의 구원

현대 기술의 구원

1. 서론: 과학 기술의 위험

우리가 살고 있는 세계는 매우 다양하다. 매우 다양한 세계 가운데 가장 급진적이고 혁명적인 세계는 다른 어떤 세계보다도 기술 세계일 것이다. 기술은 과학적 지식의 적용이지만 과학의 진보 속도와는 비교할 수 없을 정도이다. 기술은 나날이 아니 분초를 다투어 혁신되고 개혁되며 진화와 혁명을 거듭한다. 진화하지 않고 혁명하지 않으면 기술이 아닌 시대이다. 우리는 그러한 시대에 살고 있다. 누구도 부인할 수 없는 이 현실이 이제는 우리의 생활세계가 되었다. 기술 사회, 기술 체제, 기술 문명은 이른바 우리 자신의 생활세계Lebenswelt인 것이다. "생활세계"의 개념을 제창한 후설조차도 기술 세계가 당대와 후대의 사람들이 살고 있는 보편적 확신의 세계로서 그들에게 어떠한 영향과 삶의 방식과 윤리를 바꾸어 놓을지를 명확하게 예상하지 못했다.[1] 왜냐하면 그 충격과 변화의 힘은 사회의

---

[1] 인간의 실존론적 범주를 기술하면서 생활세계의 개념을 주제화하는 하이데거도 이 점에 대해서는 마찬가지이다. 현대 기술 사회의 생활세계는 더 이상 후설류나 하이데거류의 생활세계적 반성의 범위와 구조를 능가한다. 그리고 생활세계를 주제화하는 하이데거의 반성과 그 타당성의 문제점에 대해서는 다음을 참조. 이재성, 「하이데거 철학의 생활세계와 실존론적 분

제반 영역에서 너무나 엄청난 것으로 드러나고 있기 때문이다. 산업 혁명이 개인의 일상생활과 삶의 양식과 윤리와 사회적 영역에 대한 커다란 변화를 가져왔듯이 현대의 첨단 기술 혁명은 인간의 정체성과 본성 그리고 인류의 진화에 결정적이라고 해도 과언이 아닐 막대한 영향력을 행사하고 또 새로운 사고를 강력하게 재촉하고 있다.

한 편에서는 과학 기술을 찬양하고 있고 다른 한 편에서는 과학 기술을 위험하다고 말하고 있다. 과학 기술은 가치 중립적이니 쓰는 여하에 따라서 선이 되기도 하고 악이 되기도 한다고 말한다. 과학 기술 공학이 유토피아적 차원을 구현할 수 있다든지[2] 디스토피아로 종말을 고하고 말 것이라든지 예견하곤 한다. 어떤 입장을 표명하든 간에 과학 기술의 위험성 주장이 과학 기술의 현재를 규정하는 중대한 사태임에는 틀림없다. 과학과 기술이 인류 발전에 이바지한 공헌이 이루 말할 수 없이 매우 이로운 것임에도 불구하고 어두운 그림자가 깃들어 있는 것은 부인할 수 없다. 현대의 첨단 과학 기술은 우리 삶의 모든 국면에 관여하는 가공할 만한 힘을 지닌 위험 또는 위협의 면모들을 분명히 보여준다. 위험한 과학 기술을 대표하는 것으로 생명 유전 공학, 나노 과학 기술, 유비쿼터스 기술, 신경 과학 기술 등을 들 수 있다.[3]

생명 공학이나 유전 공학은 자신의 괄목할 만한 발전으로 휴머니즘을 새롭게 개념 규정할 것을 촉구한다. 근자에 회자되는 "포스트휴머니즘", "비판적 포스트휴머니즘", "트랜스휴머니즘"[4]이 등장하는 것도 그런 배

석의 문제」(『철학논총』48집, 새한철학회, 2007), 307-330쪽.

2) 에른스트 블로흐는 자연의 주체성과 기술과의 긍정적 만남과 제휴가 가능하다고 믿고 있다. 김진, 「자연 주체와 기술 유토피아」(『철학논총』46집, 새한철학회, 2006), 95-96쪽 참조.

3) 이중원·홍성욱 외 지음, 『필로테크놀로지를 말한다』(서울: 해나무, 2012), 20-31쪽.

4) 이진우, 「인간과 기계의 융합, 휴머니즘, 포스트휴머니즘, 그리고 트랜스휴머니즘」, 한국철학회 60주년 기념 학술대회 주제 발표 논문; 윤지영, 「포스트휴머니즘-혼종적 장치로서의

경에서이다. 이제는 전통적 휴머니즘의 시각으로 인간의 정체성과 본성을 규정하는 것은 새로운 인간의 출현과 더불어 더 이상 유효하지 않다는 이유에서이다. 만일 인간 복제 기술이 상용화된다면 생명 유전 공학이 제공할 것이라고 예상하는 희망과 위기의 두 극점이 어떻게 될지는 다시 말해서 어느 쪽이 우위를 점할지는 아직 알 수 없다. 하지만 어느 쪽이든 기회와 위험을 동시에 내포하고 있을 것이다. 그 전망이 생명 존엄의 강화 사회보다는 생명 경시의 위험 사회로 기울어지면 인류는 새로운 위협을 맞이할 것이다. 또한 생명 유전 공학 기술과 그 응용의 불확실성 때문에 생명체와 생태계에 심각한 위협이 야기될 수 있고 기이한 생명체와 새로운 종들이 출현할 수 있다. 이것이 얼마나 위험한지를 우리는 모른다. 그에 대한 어떠한 예측도 통제도 불가능하다. 어쩌면 생태적인 재난 영화에서나 볼 수 있는 비극적 상황이 발생할지도 모른다.

영국 레딩 대학교 케빈 워릭 공학 교수는 자신의 팔 안에 칩을 이식해서 자신의 신경계와 컴퓨터를 연결해서 자신과는 다른 공간에 위치하는 기계를 움직이도록 하는 실험에 성공했다. 이러한 신경 통신 실험은 워릭 자신이 부분적으로 사이보그가 되었다는 점을 시사하는 것이다. 그는 자신의 저술에서 기계가 인간을 지배할 미래 사회에 대비하고 기계 로봇이 인간의 지능을 뛰어넘어 중요한 의사 결정을 하게 될 것이므로 그 대안으로 인간과 기계가 결합된 사이보그를 제시한다.[5] "600만불의 사나이"가 가상이 아니라 현실이 될 날도 머지 않았다. 이러한 인간 종은 인간의 정체

주체: 사건—주체」, 한국철학회 60주년 기념 학술대회 한국 여성철학회 분과 발표 논문(2013. 6. 1); 도미니크 바뱅(양영란 옮김), 『포스트휴먼과의 만남』(서울: 궁리, 2007) 참조.

5) 자세한 논의를 위해서 다음을 참조. 케빈 워릭, 『나는 왜 사이보그가 되었는가?』, 정은영 옮김, (서울: 김영사, 2004) 참조. 이와는 대조적으로 인공두뇌학을 하이데거의 후기 사유의 관점에서 비판적으로 논의하는 내용에 대해서는 다음을 참조. 김재철, 「하이데거의 과학과 기술 비판」(『철학연구』 108집, 대한철학회, 2008), 61–89쪽.

성, 개인의 정체성 그리고 성 정체성 나아가서 인간 종의 경계, 인간과 기계의 경계, 신체의 경계 문제를 제출하는 것이고 여기에 대한 답은 전통적 철학적 개념 및 접근과는 다른 새로운 개념 체계와 방법론을 요구할 것이다.[6]

나노 기술은 물질을 나노 수준에서 조작·조합·제어·가공·발명함으로써 새로운 물질을 만들어내는 기술을 말한다. 나노 기술이 안정적 확실성을 갖게 되면 우리는 물질을 제어하고 조합할 수 있어서 우리가 필요로 하는 물질을 생산할 수 있는 능력을 가지게 된다. 이론적으로 원리적으로 우리는 물질을 우리 마음대로 제작·생산할 수 있게 된다. 물질의 물리적·화학적 특성들도 변형할 수 있게 된다. 이러한 나노 기술의 응용은 우리의 삶과 산업 발전에 큰 도움을 줄 것은 명백하다. 하지만 이러한 기술이 바이오나 소자나 인체에 미치는 영향이 인류 복지와 삶의 질 향상에 항상 선한 것만은 아닐 것이라는 것을 우리는 신기술 개발의 역사적 과정과 경험을 통해서 유추해 볼 수 있다. 예컨대 석유 화석 연료의 개발이 환경 오염과 지구 건강을 해치는 주요 원인임을 우리는 알게 되었다. 그러므로 나노 기술의 생산 제품이 사회적으로 가져올 잠재적인 광범한 위험성은 존재한다.

유비쿼터스 기술은 시공간적 제약 없이 컴퓨팅을 통해 정보를 생산 분배 소비할 수 있는 기술을 말한다. 유비쿼터스 기술은 우리로 하여금 언제 어디서나 시간과 공간을 초월하여 자유롭게 정보에 접속할 수 있게끔 만들어주는 기술이다. 이것은 세상 만물에 컴퓨터 칩이 심어져 있어서 우리가 마음만 막으면 만물에 언제든지 접근할 수 있다는 뜻이다. 유비쿼터스 컴퓨팅 시스템이 만들어져 사회에 배포된다면 현대사회는 유비쿼터스

---

6) 김선희, 『과학 기술과 인간 정체성』(서울: 아카넷, 2012), 13-24쪽.

사회가 될 것이다. 이런 사회에서는 가상과 현실의 경계선은 무너질 것이다. 자동차가 오프 로드를 주행하고 있어도 유비쿼터스 컴퓨팅 시스템 예컨대 텔레매틱스를 통해 자동차의 위치 정보를 알 수 있고 승객들이 무엇을 하는지 어디로 가는지를 온 로드를 통해 알 수 있다. 오프 로드 즉 현실의 도로는 온 로드 즉 가상 공간의 도로와 같게 되는 것이다.

유비쿼터스가 일반화된다면 우리의 실제의 사람과 사물과 환경은 컴퓨터 속의 가상 공간으로 인지된다. 유비쿼터스 컴퓨팅 시스팀이 현실 세계의 물리적 공간과 가상 공간을 결합해버리는 효과를 낳는다. 현실 세계가 가상 공간으로 확장되면서 새로운 또 하나의 공간 즉 사이버 공간을 창출하는 것이다. 이렇게 되면 현실의 삶은 사이버 삶이 된다. 이것이 미래의 인간의 삶의 양식이 될 것이다. 현실의 실제적 시공간적 제약을 받는 삶은 사이버 공간에서 극복되고 그 삶이 나의 실제적 삶이 된다. 사이버 공간은 인류의 거주 공간으로 연장성이 부재하는 공간이고 물리적 실재의 시공간적 동일성의 원리가 적용되지 않는 공간이며 따라서 동일성과 타자성이 혼재하는 공간이고 존재자가 자기 동일성을 유지할 수 없는 공간이다.

이러한 공간에서 영위되는 삶에서 형성된 개인의 정체성은 현실의 삶에서 형성된 개인의 정체성과는 분명히 다를 것이다. 이러한 유비쿼터스 기술이 현재 인간의 사회·경제·문화·윤리 등 제반 분야에서 예측 불허한 수많은 변화와 불안정성과 위험성을 가져올 수 있을 것이라는 점은 상상하기 어렵지 않다. 이러한 기술이 전쟁에 응용된다면 전투하는 인간의 지위는 예전과 같지 않을 것이다. 아마도 어떤 인간도 가상 공간의 점일 것이고 거대한 네트워크의 인터페이스로 취급될 것이다. 유비쿼터스 기술은 인간 사회를 전자 감시 사회로 바꾸어놓을 수 있다.

신경 과학은 인간의 마음과 행동을 두뇌 활동으로 이해하고 설명하는 학문이라고 말할 수 있다. 인간을 두뇌 신경 세포로 바라보는 관점은 철학의 오랜 전통이고 이를 물리주의, 자연주의 또는 유물론이라고 통칭하기도 한다. 세부적으로는 차이가 있지만 인간을 자연적 존재로 보고 초자연적 초월성을 일체 허락하지 않으려는 점에서 일치한다. 리차드 로티는 심신 문제에 대한 자기 입장을 피력하면서 인간의 마음은 미래의 신경 과학의 지식과 발전으로 굳이 필요 없을 것이라고 말한 바 있다. 달리 표현하면 신경 세포의 메커니즘이 완벽하게 규명되면 인간의 마음과 행동은 더 신비한 것으로 여겨지지 않게 될 것이라는 믿음이었다. 미래의 사회가 언제쯤 신경 사회가 될 것인지는 잘 모르겠으나 그때쯤 가서 지금처럼 의학적 지식이 대중화되듯이 신경학적 지식이 널리 사회화되면 두뇌 영상 기술, MRI 기술 등으로 개인의 마음 상태와 특성을 파악할 수 있다고 믿는다.

두뇌 신경학, 두뇌 생리학, 정신 약물학, 인지 신경학과 같은 신경과학이 보편화된 사회에서는 인간의 많은 사고와 행동이 매우 복잡한 신경 메커니즘에 의해 이루어진다는 사실을 확증할 것이다. 도덕적 선택과 행동의 기초는 신경학적이므로 도덕적 행동의 책임 여부는 신경 세포의 기제 작용에 달려 있다. 따라서 책임지는 것은 행위자가 아니라 두뇌가 될 것이다. 도덕적 선택과 행동에 따르는 책임을 물을 곳은 두뇌로 충분하다. 신경과학의 지식이 더욱 발전하고 진보하게 되면 도덕적 판단과 책임도 더욱 수월하게 결정될 것이다. 이러한 신경 과학과 공학 기술은 인간의 기존 도덕적·법적 체계에 존재론적, 인식론적, 윤리적 근본 변화를 요구할 것이고 위험 상태에 빠뜨릴 수 있을 것이다.

이러한 21세기 첨단 기술 공학을 맞이하여 우리는 기술에 대한 철학적 반성을 새롭게 해야 하는 요구에 직면하고 있다. 기존의 기술 이론 또는 기술 철학의 논의들은 현대 과학 기술의 첨예한 발전 상황에 대해서 적극적인 대응과 대책을 마련하고 있다고 느껴지지 않는다. 이 점에서 전통적 기술론들은 새로운 담론을 제시해야 하는 시점에 접어들고 있지 않을까 사료된다. 그렇다고 이 논문은 기술에 대한 철학적 반성으로서 새로운 담론을 제시하는 것은 아니다. 다만 현대의 고전적 기술론들이 21세기에 새롭게 발전한 기술 공학들이 함유하는 철학적 문제성이나 실질적 영향력과 파급력을 감당하기에는 힘이 부치지 않는가 하는 판단에서 하이데거와 엘륄을 현대의 고전적 기술론의 주요 인물로 설정하고 — 그들 사이에는 친화성 또는 근친성이 존재한다 — 그들 논의의 통찰과 효용과 한계와 약점 등을 비판적으로 살펴보며 평가를 통해 대안적 모색의 계기를 마련하고자 한다. 이를 발판으로 기술에 대한 새로운 담론의 잠재적 형태와 현대 첨단 기술을 향한 변화와 개혁의 방향을 다소나마 시사할 수 있으리라고 믿는다.

2. 하이데거의 기술론과 그 비판

21세기 첨단 공학 기술이 인간을 어떻든 바꾸어 놓을 것이라는 것은 분명해 보인다. 전망하건대, 그 기술들은 앞으로도 기세가 더욱 강력해지며 결코 꺾이지 않을 것이다. 이러한 기술 사회와 기술 이데올로기는 확실히 인간의 삶을 세차게 파고들고 가로지르며 인간의 삶의 방식을 바꾸어 놓고 인간 자체의 모습도 바꾸어 놓을 것이다. 그리하여 피할 수 없는 기술 체제 속에서 인간은 아마도 그 자신을 대신할 인간을 제조할 것이다. 이미 인공적인 인간 종의 생산은 전 인류의 화두가 아닌가 — 그 방법이 인공 지능학이든, 유전 공학이든, 생명 공학이든, 나노 공학이든.

인조 인간은 인간 지능을 능가하며 사람의 신체 모습뿐만 아니라 인체와 다른 물질을 통해서 지능을 행사하는 인공 존재를 일컫는다. 그것은 매우 다양한 형태로 묘사되고 있다. ― 사이보그, 포스트휴먼, 인공 지능, 인공 생명, 생체 컴퓨터, 로보캅, 매트릭스, 바이센테니얼 맨, 드로이드[7] 등등. 먼 미래에는 사람의 지능을 모방하지 않으면서도 그것을 능가하는 인조 인간이 탄생할 것이고 육화된 형태로 실현되는 인간의 인지 활동을 자연 생체가 아닌 인공 생체가 수월하게 감당하는 인조 인간이 탄생할 것이다. 벌써 심리 상담을 상담 전문가가 아닌 상담 전문 컴퓨터 프로그램디프레션2.0에게 하고 있으며 고해성사를 신부가 아닌 전문가 시스템카톨릭 튜링 테스트라는 컴퓨터 프로그램에게 하고 있는 것으로 보고되고 있다.

바야흐로 첨단 기술의 시대에 기계가 인간을 퇴출시킬 수도 있는 위험한 기미를 보이고 있다. 기계와 인간 사이에서 지위상의 전도 현상이 일어난다. 그러고 보면, 물질, 에너지, 시공간, 생명인들 왜 신기술의 개발에 힘입어 고난도·고밀도의 연산활동으로 환원될 수 없겠는가? 결국 세계는 컴퓨터화된 실재이고 현실은 시뮬레이션된 현실이다. 인간뿐만 아니라 세계와 현실조차도 인공적으로 생산하는 것이 가능하게 된다. 즉, 신의 창조 행위를 생명·유전·나노 공학이 재현하고자 한다. 이제 가상 공간의 매트릭스는 현실이 아니라 가상 공간이 현실의 매트릭스가 된다.

왜 이렇게 되었는가? 그것은 하이데거에 의하면, 인간 자신의 존재 근거와 진리의 원천을 자아에서 발견하는 주체 의식과 세계를 대상화하여 그 주체성을 실현하고자 하는 근대 휴머니즘에서 그리고 자연을 기술적으로 정복하고 지배하고자 하는 근대 과학 기술에서 기인한다. 데카르트가 "나는 생각한다, 그러므로 나는 존재한다"라는 철학의 제일 원리를 인

---

7) 맷 데이먼 주연, 영화 엘리시움에 나오는 체제 수호 사이보그 경찰이 드로이드이다.

간의 주체성을 표현하는 것으로 정식화한 이래,[8] 만물은 인간의 발아래에 놓여야만 했고 만물의 의미와 가치는 자아로부터 나와야만 했다. 인간은 자연의 주±로서 인간 삶의 유익을 위해서 자연을 "갈갈이 찢어 놓았다."[9] 역설적이게도, 그러한 인간 역시 자연처럼 과학기술의 지배 대상으로 전락하고 말았다. 인간은 과학 기술에 의해 자연의 주인일 수 있었으나 그 과학 기술은 인간을 연산·조작·변형·복제 가공물로 만들어 놓았다. 말하자면 인간은 기술적으로 대량 생산 가능 부품처럼 되었다.

이러한 인간의 운명은 어찌할 수 없는 가장 위험한 상태에 이르렀으며 인간의 손을 떠난 숙명적인 사건으로 바라만 보는 것 이외 별다른 수가 없게 되었다. 이 위험한 사건 앞에 인류는 어디에서부터 어떻게 손을 대야 할지를 확신하지 못하고 있다. 어떤 출구도 없는가? 위기가 기회이듯 바로 이 위험에 구원의 길이 잠재한다.[10] 그것은 기술의 본질에 대한 존재론적 고찰에서 시작한다.[11]

하이데거에 의하면, 기술은 어원적으로 포이에시스poeisis, 詩作의 의미를 지닌다. 포이에시스는 존재자의 숨겨진 모습을 앞에 드러내 놓는다는 뜻이다. 이러한 뜻에서 보면, 기술의 본질은 인간의 목적이나 의도에 맞게 존재자를 가공한다는 것이 아니라 존재자를 그 자신의 형상 속으로 실

---

8) 데카르트의 자아의 주체성의 형이상학의 근본 의미에 대한 이해는 다음을 참조할 것. 하이데거, 니체Ⅱ, 박찬국 옮김, (서울: 길, 2012), 135−154쪽.

9) 메를로-퐁티가 이러한 표현을 사용한 바 있다.

10) 잘 아다시피 이 표현은 하이데거가 횔덜린으로부터 빌려온 시귀이다. "위험이 존재하고 자라는 그 곳에 구원의 힘 역시 그러한 것을." 프레더릭 페레, 『기술철학』, 박준호 옮김, (서울: 서광사, 2009), 152쪽에서 재인용.

11) 하이데거의 기술 문명 철학의 개요 파악에 기초적 도움을 주는 논문으로는 다음과 같은 것들이 있다. 이서규, 「하이데거에서의 인간과 기술의 관계에 대한 고찰」, 『철학논총』 29집, 새한철학회, 2002), 295−310쪽; 김향선, 「하이데거에 있어서 기술 문명과 구원의 문제」(『철학연구』 78집, 대한철학회, 2001), 137−164쪽; 배상식, 「철학과 예술의 화해: 하이데거의 존재론적 예술론」(『철학연구』 76집, 대한철학회, 2000), 161−182쪽.

현시켜, 그 자신 속에서 빛나게 한다는 것이다.[12] 그런데 현대 기술은 이러한 기술의 본질을 완전히 왜곡하고 상실했다.[13] 바로 이것이 현대 과학 기술의 위기의 근원이다. 따라서 이 기술의 본질 회복이야말로 과학 기술에 내재하면서 현실로 나타났던 위험을 제거하기 위한 실마리인 것이다.

그런데 포이에시스라는 시작 기술이 가장 잘 구현되는 인간의 활동 영역이 예술 분야이다. 예술은 사물을 기존의 모습과는 다른 모습으로 드러나게 해 준다. 예술은 실재에 대한 우리의 인습적인 태도를 각성시켜 실재의 숨겨진 모습을 탈은폐시킨다. 따라서 구원의 가능성은 과학 기술이 예술이 될 수 있는가에 달려 있다. 구체적으로 말하면, 경제적 문화적 비즈니스 분야 또는 그 공간이 어떻게 예술적이게 될 수 있는가 하는 문제이다. 가상 공간은 동일성과 타자성이 혼재하는 공간이다. 동일성과 타자성의 교차·혼성·변환으로 인해서 가상 공간에는 우리로 하여금 현실을 새로이 볼 수 있게 하는 예술적 잠재 능력이 비장되어 있을 수 있다. 따라서 구원은 흘러가는 시간의 어느 지점에서 가상 공간이 우리로 하여금 존재자의 모습에 대한 우리의 인식을 갱신하고 이전과 달리 새로이 개시해 주는 것을 예술이 구현했던 것처럼 구현하기 시작할 때 도래할 수 있다.

현대 과학 기술의 위기의 극복 가능성이 현대 기술의 본질을 존재론적으로 이해하고 그에 기초하여 과학 기술이 예술성을 회복하고 강화하는데 있으며 나아가서 그 회복이 인간 쪽에서가 아니라 존재 쪽에서 자기 모

---

12) 하이데거에 의하면, 그리스인들에게 존재(자)의 본질을 지시하는 명칭은 자연(physis)이다. 즉 "스스로 자라나고 아무것에도 내몰리지 않고 현출하고 나타나는 것, 자신에게로 되돌아가고 사라지는 것, 현출하고 자신 안으로 되돌아가는 운행"이다. 하이데거, 『니체 I』, 박찬국 옮김, (서울: 길, 2010), 100쪽; 장 이브 코피, 『기술철학』, 황수영 옮김, (서울: 한길사, 2003), 156쪽.
13) 현대 기술은 자연이 운행하는 대로 생산하는 것이 아니라 자연을 생산하는 방식을 취한다. 즉 현대 기술은 자연의 역전인 것이다.

습을 탈은폐시킬 때까지 기다리는 가운데 주어질 것이라는 믿음이 하이데거의 구원관이다. 이러한 구원의 믿음은 구원의 길치고는 참으로 묘한 데가 있다. 가상 공간이 예술적 공간으로 거듭날 수 있는 가능성이 사람이 능동적으로 주체적으로 할 수 있는 일도 아니고 그렇다고 존재가 저절로 그 일을 할 것이라는 것도 아닌 것처럼 들리기 때문이다. 그것은 아무도 모르는 것 같고 다만 그러기를 기대만 할 뿐이다. 오직 현 상태에서 우리에게 요구되는 것은 현대 기술에 예술 능력이 잠재되어 있음을 이해하고 인식하는 것뿐이다. 또는 가상 공간에 비장되어 있을 예술적 잠재 능력을 은혜로 각성하는 것뿐이다. 그러고는 우리는 아무 것도 할 일이 없는 양 한가롭게 마냥 지켜만 보면서 기술 체제에 존재가 도래하기를 기다리고 있어야 한다. ― 도래할 것인지 말 것인지를 모르는 채로.

이러한 묵시에서는 과학 기술의 극복의 주권은 존재 쪽에 있지 사람 쪽에 있지 않다. 우리는 존재가 자기 모습을 어떻게 드러낼지를 모른다. 그렇지만 구원이 오지 않는 것, 존재가 오지 않는 것, 그것은 사람의 책임도 아니다. 그렇다고 존재의 책임도 아니다. 존재는 누구에게 책임지지 않기 때문이다. 한마디로, 구원의 주체가 사람도 아니고 그렇다고 존재인지도가 불분명하다. 존재가 구원의 주체가 되어 줄지 안 되어 줄지 모르기 때문이다.

하이데거는 슈피겔지와의 인터뷰에서 이 대목과 관련해서 다음과 같이 말한 적이 있다.14) "신만이 우리를 구원할 수 있다. 우리에게 있는 유일

---

14) Martin Heidegger, "Nur noch ein Gott kann uns retten," *Der Spiegel* 30 (Mai, 1976), ss. 193-219. Translated by W. Richardson as "Only a God Can Save Us" in T. Sheehan ed., *Heidegger: The Man and the Thinker* (Chicago: Precedent Publishing, 1981), pp. 45-67. 여기에 나오는 신은 기독교의 신이 아니라 일종의 거룩한 또는 성스러운 무엇을 지칭하는 개념으로 사용된 듯하다. 인터뷰는 1966년에 했는데 공개는 사후에 하기로 했다. 왜 그랬을까? 나치즘 동조에 대한 빚이 일말이라고 남아 있었기 때문에? 생전에 발표하면 쓸데없는 세간의 논쟁을 불러일으키게

한 가능성이라면, 우리가 숙고하고thinking 시작함poeting으로써 신의 출현을 위해 대기하면서 준비하든지 아니면 우리의 쇠락 속에 있는 신의 부재를 위해 대기하면서 준비하든지 하는 일뿐이다." 이대로라면, 하이데거의 존재론적 기술론은 과학 기술 시대의 위험에 대하여 허무주의적이다.

나는 현대인이 하이데거의 기술론에서 귀담아 들을 것이 많다고 생각한다. 그 현대적 의의와 가치를 무시하는 것은 아니다. 그것은 다방면으로 수없이 회자되고 인지되었다. 그러나 나는 그러한 기술론의 허무주의적 요소와 색채를 제거할 수 있는 사색이 있다면 더 나와야 한다고 믿는다. 우리가 기술의 본질을 존재 사유적으로 보는 것과 보지 않는 것이 과학 기술의 위기를 극복하는 과제에 있어서 어떤 차이를 가져오는가? 존재 사유하는 것이 구원의 가능성이라면 존재 사유하지 않는 것도 구원의 길일 수는 없는가? 존재 사유하는 것이 구원의 길이 아닐 방도는 없는가? 예술과 시작을 하는 것이 위기의 현실에 대한 새로운 인식을 가져다 줄 수 있는 것이 왜 구원이기만 한가? 그 반대일 수는 없는가? 설령 위기의 현실이 예술적 공간으로 거듭나는 것이 저절로 일어날 수 있는 일이라 해도 그 일이 곧바로 기술의 본질 회복으로 이어지는 것은 필연적인 일일 것인가? 과학 기술이 예술적인 것으로 거듭나서 우리에게 새로운 현실 인식을 일깨울 수 있다 해도 그 현실 인식이 그 내용과 실질에 있어서 언제나 구원에 우호적이기만 한 것인가? 예측할 수 없는 제3의, 제4의 길도 있을 수 있지 않겠는가?

될 것을 염려해서? 자신의 철학적 신념과 국가 비전에 대한 확신에는 아무런 이상이 없다는 것을 우회적으로 입증하기 위해? 종전 후의 역사적 청산과 속죄와 관련해서 상관없는 논란거리를 방지하고 또다시 불필요한 잡음을 낳는 것을 바라지 않았기에? 아니면 역사적 청산 과정에서 좀 더 겸손하게 처신하는 것이 좋겠다는 것을 학습했기 때문에? 어쨌든 최근에 공개된 하이데거의 『검은 노트』에서 하이데거가 나치주의자였던 사실이 밝혀졌다.

이미 기술 체제가 생활세계가 되어 그 속에서 일상성으로 살고 있는 현대인에게 포이에시스로서의 기술의 본질을 되풀이해 주장하는 것은 아무런 반성도 불러일으키지 못하는 공허한 외침으로 끝날 수도 있으며 실제적으로도 그렇다. MB 정권의 사대강 사업 찬반 투쟁에서 하이데거의 기술 구원론이 어떠한 역할을 하고 어떤 투쟁의 힘을 감당할 수 있었는지는 지극히 부정적이다. 아마도 기술에 대한 존재론적 사유는 역사적 실질과 시대적 요구를 더 담아내는 사고를 더 해나가야 할 것으로 진단된다. 하이데거의 구원론에 있어서 구원의 주체 문제는 어떤 방식으로든지 더 구체적으로 사색되어 진전을 보아야만 할 문제점이다. 그렇지 않는 한, 허무주의적이라는 비난을 면하기는 어려울 것이다.

이제 하이데거의 구원의 길과는 다른 구원의 역정을 거칠게나마 한번 제시해 보고 또 논평해 보겠다. 근대에 이르러 자연과학은 세계를 목적론적 방식으로 보는 것을 거부하고 그와 동시에 인격적인 하나님의 존재를 부정한다. 따라서 근대과학은 만물을 기계론적 방식으로 무생명 즉 죽음의 상아래서 파악하려고 한다. 이것이 근대과학의 객관적 합리성의 이념이다. 한편, 인간은 자신의 이성을 절대적이고 자유로운 것으로 자각한다. 인간 이성은 더 이상 스스로를 신의 질서 속에 두지 않으며 신의 의지에 종속된 것으로 보지 않는다. 인간 이성은 신의 질서를 깨고 나와 절대적 권능자로 자각된다. 그리고 물질은 이러한 인간 이성에 의해 완전히 지배될 수 있고 인간의 지배에 대해 절대 수동적 존재로 파악된다. 이것이 근대인의 주체성의 자각의 본질이다.

이러한 근대과학의 객관적 합리성의 입장과 근대인의 철저한 주체적 자각은 삼라만상이 신의 존재에 전적으로 의존한다는 기독교 신학의 진리가 무너지면서 생겨난 것이다. 또한 그것은 인간이 신학의 지배와 속박에서 벗어나고 자유롭게 된 즉 역사의 발전이고 진보라고 간주된다. 그리하여 인간의 주체성과 근대과학의 세계관이 서로 결합·통일되면서 인간이 만물의 토대 노릇을 하게 된다. 말하자면, 과학적인 합리주의적 이성은 무엇에도 의존하지 않으려는 절대적 주체로서 스스로 신에게 응전한다.

이렇게 세계와 인간의 존재 근거를 초자연적 실재에서 구하지 않고 이성 자체, 이성의 객관적 합리성에서 확보하려는 시도는 무신론으로 귀결되기 마련이다. 인간의 이성 그리고 근대과학이 그토록 힘들여 신 없이 세계를 이해하고 설명하려고 했던 것은 상실한 존재 근거를 다른 곳에서 찾아보려는 노력의 일환으로 해석될 수 있다. 이러한 의미에서 근대인의 주체적 자각과 객관적 합리성의 이념은 인간에게 존재 의미를 무너진 기반 위에 새롭게 정초하기 위한 고안품이다. 특히 근세 이후의 인간이 끝없이 객관적 합리성의 추구와 실현에만 몰입하지 않을 수 없었던 것은 그것이 자기 자신의 기반이어야한다고, 지식의 확실성의 기초가 있지 않으면 인간의 삶과 학문이 존립할 기반이 더 이상 없어질 것이라고 믿었기 때문이었다. 그렇게 믿고서 살아가지 못했다면 그들은 토대 상실 즉 허무에 빠졌을 것이기 때문이다.

그런데 이러한 근대과학의 미친 듯한 질주와 기세가 인간을 데려 온 곳은 어떤 곳인가? 신에 기반하지 않고 자기 자신이 되고자 한 노력은 절망 속의 허망한 노력으로 정산될 수 없는가? 그것은 여전히 키에르케고르가 말하는 "죽음에 이르는 병"에 빠져 허무를 벗어나지 못하고 있는 반증은 아닌가? 근대의 주체성에 나타난 허무의 자각과 그 극복 노력이 최종적으로 인간을 인력 자원으로 관리하면서 인간을 대량 생산할 수 있을 최고의 위험으로 귀결된다면 그런 인간에게 남아 있는 것은 무엇인가? 인간에게는 아무 것도 남아 있지 않게 된다. 토대란 토대는 모두 무너지고 난 후의 사태인 것이다. 만물의 토대로서의 인간이기는커녕 그야말로 아무 것도 아닌 것 즉 제로이다. 정말 인간은 아무 것도 아니게 된 것이다. 이것은 허무의 극치가 아니고 무엇인가?

따라서 근대과학의 객관적 합리성은 주체의 지위로까지 끌어 올려지면서 신을 부정하고 신을 대체하는 우상을 찾아 나섰지만 허무의 심연으로 돌아가고 말았다. 자기 존재의 근거나 의미를 자기 자신의 힘에 의하여 좌우할 수 있다는 근대의 이성·과학·휴머니즘은 아직도 세계와 인간의 허무를 덜 철저하게 자각하였으며 그 올바른 극복처를 찾지 못하고 있다.

하이데거의 존재론적 기술론에 나타난 구원방식 역시도 아이러니하게도 근본적으로는 이와 별다르지 않다. 하이데거의 존재 사유가 허무주의를 극복하고자 했던 근대 과학보다 더 나은가? 근대 주체성의 허무주의를 존재 사유가 어떻게 극복했단 말인가? 횔덜린 같은 시와 반 고흐 같은 예술가의 그림 속에 표현된 존재 사유의 순간들을 추적하여 우리에게 회상시켜 줌으로써? 테크네라는 낱말 속에 포이에시스라는 기원과 의미가 들어 있다는 것을 숙고함으로써? 21세기 첨단 신기술이 대량 생산한 제품이 예술적·은유적 공간이 될 수 있을 때까지 기다리는 초연한 사색을 하도록 권유함으로써?

존재 사유는 허무주의를 극복하는 사유가 아니라 원천적으로 허무주의적이다. 주지하듯, 존재는, 말해지고 전해진 말들의 흔적으로서만 전개될 수 있다. 그래서 하이데거는 예술가와 철학자의 글에 표현된 존재 사유의 순간들을 추적하는 방식으로 글을 쓰는 것이다. 그러한 추적은 회상으로서의 사유 형태로 나타난다. 회상은 존재 사유를 우리가 실현할 수 있는 사유 형태이다. 그것은 존재의 망각이 지배하는 표상적 사유와 구별된다. 존재를 사유하는 사유로서의 회상은 존재를 회상하는 사유이다. 그러나 그것은 존재를 이미 가버리고 사라져 없는 부재로서 사유함이다. 따라서 이러한 사유에는 어떤 의미에서는 존재 자체에 남아 있는 것이 아무 것도 없는 셈이다. 부재만 존재할 뿐이다. 존재의 찰나적인 본성, 존재의 순간적이고 덧없는 성질이 분명히 있는 것이다.

사정이 이러하다면 존재는 허무주의적이라고 말해도 될 만한 근거가 있다. 이러한 존재는 은폐성이 없이는 자기 자신을 존재해 나갈 수 없다는 의미에서 자기 자신을 숨겨야 생명을 유지해 갈 수 있는 힘없고 나약한 무능한 존재이다. 이러한 존재는 허무에 취약한, 노출된 존재이다. 또한 인간은 이러한 존재를 향해 나아감으로써만 현존재일 수 있기 때문에 자기 자신의 근거가 존재에 있는 반면, 존재는 인간 없이 자신을 말하고 드러낼 수 없다는 의미에서 존재의 자기 근거는 자기 자신에게 있지 않다. 따라서 존재는 인간의 조건을 구성하는 토대일 수 없고 도리어 인간과 그 생이 존재에게 그 근거를 마련해 주는 셈이다. 인간이 존재에 의존하는 것이 아니라 존재가 인간 의존적이다. 자기 자신에게 벗어나 자기 아닌 타자 즉 인간을 향해 나아가는 것은 허무의 자각이기 때문이다. 존재의 이와 같은 허무한 모습 때문에 인간의 근저에 있는 허무가 극복된 것으로 보이지 않는다.

그런데 왜 인간은 언제라도 허무에 노출되게 되어 있는가? 왜 인간은 자신의 허무성을 알지 않으면 안 되도록 되어 있는가? 왜 인간은 자체 속에 존재 근거를 가질 수 없는가? 왜 인간은 허무를 자각하지 않은 채로 살 수 없게 되어 있는가? 왜 인간이 하는 일마다, 가는 곳마다 가시덤불과 엉겅퀴가 생기는가? — 인간이 자신의 절대적 의존성을 아는 것이야말로 이 물음에 대한 해결의 시초이다. 인간이 지음 받은 존재라는 것을 망각하는 것이야말로 사람들이 원죄라고 부르는 것이다. 인간과 세계는 그 전 존재를 하나님에게 빚지고 있다. 일체의 피조물은 그 자체로 허무를 짊어지고 있다. "피조물이 허무에 굴복했지만 자의로 그렇게 한 것이 아니라 굴복하게 하신 그분이 그렇게 하신 것입니다."[15] 따라서 근대 주체성의 실현도, 근대과학의 객관적 합리성도 존재 망각도 과학 기술의 최고 위험의 근본 원인이 아니다. 그것은 스스로의 허무성을 망각한 인간의 원죄 때문이다. 따라서 구원의 길은 철학에도 과학에도 없으며 요컨대 피조 세계에는 없으며 창조 신앙에 있다. "사람들은 생각이 허망해져서 그들의 지각없는 마음이 어두워졌습니다. 사람들은 스스로 지혜가 있다고 주장하지만 실상은 어리석은 사람이 되었습니다. 사람들은 하나님의 진리를 거짓으로 바꾸고 창조주 대신에 피조물을 숭배하고 섬겼습니다."[16]

3. 엘륄의 기술론과 그 비판

이러한 성경적 전망에 입각해서 기술론을 전개하는 자가 자끄 엘륄이다. 하이데거가 서양의 희랍적 전통의 계열에서 존재론적으로 기술을 분석하고 진단한다면 엘륄은 히브리적 전통의 현대 개신교 신학의 배경에서 사회적으로 또는 신학적으로 기술을 해부하고 전망한다. 엘륄의 근본 통찰은 창세기의 이야기에 그 토대를 두고 있다.[17]

성경의 창세기에 따르면 가인은 아담이 에덴 동산에서 추방된 후 한 곳에서 정주하기를 원했으나 아우 아벨을 살해하는 인류 최초의 살인죄로 하나님에게 버림을 받고 영원히 유리하면서 살아야 하는 저주를 받는다.

---

15) 성경, 표준새번역, 로마서 8:20.
16) 성경, 표준새번역, 로마서 1:21-25.
17) 자끄 엘룰, 『도시의 의미』, 최홍숙 옮김, (서울: 한국로고스연구원, 1992), 15-29쪽.

그렇지만 그 때문에 그는 자기의 삶을 영위하고 안전을 보장하는 집을 추구하고 성을 쌓고 도시를 건립하고 정착한다. 그리고 그 후손들은 쇠와 동의 문화를 발전시켰다.[18] 가인이 도시를 만들 때 자기가 하기를 원했던 것, 자기가 정복하기를 바랐던 것, 자기가 세우고자 했던 것은 집을 짓고 성을 세우고 안전을 원하고 자기 생명을 보호하고 적대 세력과 싸우고 사람과 자연과 동물과 환경을 지배하는 것이었을 터이고 이는 건축 기술, 가축 기술, 금속 기술, 청동 기술을 위시해서 여러 종류의 기술의 창안을 필요로 하고 세계를 소유하고 약탈하는 기술적 통제권 및 자기 지배권을 당연시할 것이다.[19] 이 점에서 가인이 건설한 도시는 기술 도시일 것이다.

그렇다면 도시와 기술은 가인의 살인 행위와 하나님의 보호에 의지하지 않는 자의 거부의 직접적인 결과이다. 이러한 의미에서 근대와 현대의 기술 도시는 하나님을 떠난 사람들이 자기 보호와 안전을 위해 건설해 가야 했던 도시 문명에 그 연원을 가지고 있다고 볼 수 있다.[20] 기술 도시는 하나님의 보호 아래 살아가야 하는 거주지 즉 에덴 동산을 대신할 수 있도록 가인과 그 후예들이 발명한 새로운 거주지인 셈이다. 그래서 그 땅이 에덴의 동쪽 즉 반대편에 있고 그 이름이 놋이다. 놋은 유리하는 곳, 부재하는 곳이라는 의미이다.

엘륄의 창세기 기술 해석을 기반으로 해서 도시의 의미와 기원을 규명

---

18) 성경, 표준새번역, 창세기 4장 참조.
19) 나중에 이들의 기술은 신이 걱정할 정도의 기술 즉 바벨탑을 건설하는 기술에까지 발달한다. 여기에 비유될 수 있는 현대의 기술이 핵기술이 아닐까 싶다. 하나님은 핵기술을 그때보다도 더 걱정하고 있을 것이다. 기독교 신학자에 의해서 핵기술은 현대의 선악과로 규정되기도 한다.
20) "도시의 전 역사는 가인의 행위에 그 시초를 둔다." 자끄 엘룰, 『도시의 의미』(서울: 한국로고스연구원, 1992), 30쪽.

할 때 기술은 원죄[21] 또는 타락[22]으로 이해할 수 있다. 기술이 원죄[23]라고 한다면 기술은 또 하나의 선악과가 되는 셈이다. 현대 기술은 인류가 또 한 번 따먹은 선악과인 것이다. 기술이 타락이라고 보는 엘륄의 논리는 이 렇다.[24] 하나님은 인간에게 창조와 동시에 필요한 모든 것을 부여했다. 신의 창조는 완벽했고 완결된 것이었다. 이와 달리 생각하는 것은 신의 창조 자체의 완벽성을 깎아내리는 것이다. 타락 이전에 신의 창조 작업은 완전하고 더 할 것이 없었다. 기술이란 항상 죄의 조건 아래에 현존한다. "원자를 쪼개는 순간부터 일부 크리스트교도는 이런 질문을 제기했다. 이것은 신이 창조의 순간에 내린 명령을 넘어서는 일은 아닌가? 이것은 신의 비밀을 꿰뚫는 일은 아닌가? … 과학은 무엇이든 할 수 있는 권리를 정당하게 갖고 있다. 물론 그렇다. 그 후 삼십 년, 우리는 핵발전소 건설로 인해서 단기간에 걸쳐 인류 절멸의 위험을 당하고 있다."[25]

보다시피 엘륄은 도시적이고 기술적인 사회의 현실에 대해서 매우 부정적인 태도를 보여주고 탄핵적인 자세를 취하고 있는 모양새이다. 이러한 기본 파토스는 현대 기술에 대한 분석에서도 일관되게 지속한다. 이제 엘륄의 현대 기술론으로 넘어가 보자. 엘륄은 현대 기술이 자동성, 확장성, 총체성, 보편성, 자율성의 다섯 가지 특성을 소유하고 있으며 현대 사회가 자본의 논리에 종속된 것처럼 기술의 논리와 특성에 구속되어 통제되고 있다는 점을 강하게 주장한다. 이 점에서 "기술"은 체제이고 또한

---

21) 프레더릭 페레, 『기술철학』, 박준호 옮김, (서울: 서광사, 2009), 224쪽.
22) 같은 책, 226쪽.
23) 원죄는 인간이 신의 보편적 의지에 복종하지 않고 자기 의지로 독립적이고 자율적이고 싶어 하는 욕망이다.
24) 같은 책, 226-230쪽 참조.
25) 같은 책, 230쪽에서 재인용.

"세기의 쟁점"이다. 이러한 주장은 사회학자로서 기술 사회에 대한 현실적 분석의 결과로 말해지는 것이며 그런 만큼 그것은 실재론적이다. 우리가 살고 있는 현대사회 자체가 근본적으로 또는 본질적으로 "기술 사회" 또는 "기술 체제"[26]로 규정된다.

현대 기술 사회는 다섯 가지 기술의 특성에 의해 지배된다.[27] (1) 모든 사람들은 다른 모든 해결책보다 언제나 기술적 해결방식을 선호하고 선택한다. (2) 한 가지 기술의 개발과 발전은 다른 기술의 개발과 발전과 확장으로 이어진다. (3) 기술들은 상호 의존적이므로 좋은 부분과 나쁜 부분을 분할하는 것은 헛되다. (4) 기술은 언제 어디서나 누구에 의해서도 즉각적으로 바로 사용될 수 있다. (5) 기술은 그 발전 속도와 규모가 너무 거대하게 되어서 사람의 의지적 결정은 별로 의미가 없다.

이를 단적으로 말하면 기술은 인간의 통제를 벗어난 자율성을 가지고 있다는 것이다. 현대 기술은 스스로 확장하면서 다른 기술들과 연결되어 하나의 거대한 시스템을 구축하고 인간의 의지적 선택을 반하는 방식으로 체제화된다. 체제화된 기술은 인간의 자유로운 선택으로 좌우되지 않는 통제 불능의 자율성을 가지고 인간의 자유로운 선택권을 거부한다. 인간의 자율성은 기술의 자율성 앞에 아무런 힘을 발휘하지 못하게 된다. 이러한 기술의 자율성은 무조건적 무제한적이 되고 전체주의적 "폭군의 심리"[28]를 가진다.

엘륄의 기술 자율성 테제는 그의 기술 사상의 중추라고 말해도 좋다.

---

26) 엘륄은 기술에 관한 세 권의 저서를 1954년, 1977년, 1988년 순으로 출간했다. 저서명은 다음과 같다. *La technique ou l'enjeu du siècle, Le système technicien, Le bluff technologique*. 앞 두 권은 우리말로 기술의 역사, 기술 체계로 각각 번역되었고 마지막 책은 아직 번역되지 않았다.
27) 손화철, 『현대 기술의 빛과 그림자』(서울: 김영사, 2006), 83-93쪽.
28) 장 이브 고피, 『기술철학』, 황수영 옮김, (서울: 한길사, 2003), 146쪽.

그는 기술의 자율성의 표제 하에 현대 기술이 인간의 삶의 제반 영역 이를 테면 경제, 국가, 인간, 대중의 문화 생활 등에서 주권적으로 통제하고 있는 현실태들을 기술하고 분석한다. 이러한 작업이 『기술의 역사』[29]에서 세분화·상세화되어 서술되고 있다. 그리고 결론적으로 현대의 기술 사회의 미래에 대한 비관적인 우울한 전망을 덧붙이고 있다.

현대 기술 사회는 인간이 저항할 수 없는 힘을 가지고서 자동적으로 자기를 확장함으로써 인간의 자율성 상실 내지 인간 폐지 시대로 흘러갈 것이기 때문에[30] 엘륄은 현대 기술의 중대한 위험에 대해 사회학적 견지에서 아니면 신학적 견지에서 어떤 답변을 내놓고자 한다. 그 답변은 대체로 다음과 같다.

(1) 기술 사회의 현실과 위기와 그 부정성에 대처하기 위해 인간의 각성된 의식적인 노력이 필요 하다.
(2) 현대 기술의 자율성과 효율성의 지배적 주도권에 대한 부정의 선택과 자유가 요구된다.
(3) 기술 발달과 기술 체계의 일원론적 헤게모니 또는 독점에 저항하는 의지를 가져야 한다.
(4) 기술의 자율성은 날로 강고해져 가므로 인간의 자유와 그 보존을 위해 투쟁해야 한다.

대부분의 사람들은 기술 사회 또는 기술 체계에 대해 순응주의적 태도

---

29) 자크 엘루, 『기술의 역사』, 박광덕 옮김, (서울: 한울, 1996).
30) 이러한 전망을 영국의 문학자이자 신학자인 루이스(C. S. Lewis)도 예견한 바 있는데, 엘륄보다 10년 정도 앞선다. 루이스는 이에 대한 대응책으로 과학 기술의 갱신 또는 회심을 주장하는 듯하다. 루이스, 『인간폐 지』, 이종태 옮김, (서울: 홍성사, 2006), 3장 참조.

를 취한다. 기술의 논리나 체계가 사회 집단적으로 구현하는 의식화 작업에 대해서 날카로운 저항의식이나 부정적 의지를 가지기란 매우 어렵다. 기껏해야 인간의 자유는 기술 논리와 체계에 매몰되어 있기에 "우리가 자유롭지 못하다"[31]고 인정하고 고백하고 표현하는 정도의 자유이다. 급기야 기술은 자신의 내재적 논리로 인간의 자유로부터 "기술에 대한 사유의 자유까지도"[32] 빼앗아간다. 인간의 현실을 통제하고 조작하는 다양한 형태의 기술적 가능성은 인간의 본성 그 자체가 더 이상 의미 없게 되어버리는 지점으로 향한다. 인간 기술 즉 인간을 다루는 기술은 인간이 인간 자신을 원하는 방향으로 제조할 수 있는 힘을 가지고 있고 그 힘은 인간이 인간에 대해 행사하는 지배력이며 이것은 어떤 인간으로 하여금 다른 어떤 인간을 자신이 원하는 대로 만들어 내는 조작적 힘이다. 이 단계에서는 인간의 자유조차도 기술화되고 기계화된다. 인간의 인간성도 조작될 수 있고 인간의 도덕적 선과 악도 주조될 수 있다. 하이데거는 오늘날 철학의 지위를 대신하는 것은 자동 기계라고 말한 바 있고[33] 바꾸어 말하면 인공 지능이 체스하는 시대에 자동 기계가 철학을 하지 말라는 법도 없게 되었다는 뜻이다.

현대 기술의 자율성으로 말미암는 이러한 인간과 그 자유의 위기에 대한 엘륄의 대책은 자신의 답변이 보여주는 대로 역시 인간의 자유에서 찾아져야 한다. 기술 사회 속에서 직면하는 바, 자유의 속박과 해방이라는 모순과 긴장 속에서 어느 쪽을 선택해야 한다는 강령이 그 해답이다. 기술

---

31) 손화철, 『현대 기술의 빛과 그림자』(서울: 김영사, 2006), p. 99. 손화철, 「자끄 엘륄의 기술철학과 기독교 사상: '변증법' 개념을 중심으로」, 한국철학회 60주년 기념 학술대회 한국기독교 철학회 분과 발표 논문, p. 34 참조.

32) 같은 곳.

33) 하이데거가 슈피겔지와의 인터뷰에서 했던 말이다.

체제의 힘과 법칙의 지배적 흐름을 바꿀 수 있는 가능적 선택은 기술의 논리와 방향에 저항하는 인간의 혁명적 의지뿐이다. 엘륄은 "다른 가능한 것은 없다"[34]고 단호하게 말한다. 이러한 실존적 선택은 변증법적 성격을 가진다. 엘륄에게 변증법이란 현실의 모순과 갈등, 긍정과 부정의 모순 속에서 새로운 균형, 해법, 진전을 찾아가는 창조 행위이다.

이러한 변증법적 실천은 실존적인 것과 사회조직적인 것 또는 제도적인 것과의 통합을 추구함으로써 기술 사회나 역사적 현실에 혁명적으로 개입하고 간섭하는 의지의 실천이요 자유의 투쟁이다. 여기에는 강철 같은 의지와 믿음이 필요하다. 기술 사회의 운명에서 벗어날 수 있는 가능성을 찾아 실천하는 데는 그것 말고는 없다.

신을 믿지 않는 세상 사람들에게는 자신의 실존적 선택과 결단이 필요하고 신을 믿는 이들에게는 예수의 인간성에 대한 신뢰와 신에 대한 충성이 필요하다. 엘륄의 표현으로는, 예수 그리스도 속에 보인 인간성은 이러한 투쟁과 실천의 "지렛대"이고 전적 타자로서 존재하는 신에 대한 의존과 충실성은 그 "버팀목"이다.[35] 여기서 기술 사회에 대한 엘륄의 사회학적 분석은 신학적 또는 신앙적 실천과 만나고 통합된다. 현대 기술 사회의 변화를 위한 사회학적 가능성은 신학적 가능성 없이는 맹목이고 신학적 가능성은 사회학적 연구나 분석 없이는 공허하다.

기술의 발전이나 체계 내부로부터는 그러한 통합의 가능성을 위한 실천이 나올 수 없으므로 인간 의지의 외적 개입이 필요하고 이는 극단적인 동기를 필요로 한다. 이 길은 "무척 어렵지만 실현할 수 있다. 그렇지만 유

---

34) 자끄 엘륄, 『인간을 위한 혁명』, 하태환 옮김, (대전: 대장간, 2012), 326쪽.
35) 같은 책, 325쪽.

토피아가 아니라 전적으로 인간적인 유일한 길"[36]이다. 엘륄의 판단으로는, 이 길은 현대사회와 과학이 제공해 줄 수 있는 길은 아니라고 한다. 엘륄은 기술 사회의 내적 발전과 운명과 미래에 대한 대안에서 기독교의 신과 인간이 버팀목과 지렛대로서 필요하다고 확신한다. 물론 스스로의 고백처럼 이러한 확신은 사적 확신이요 증언이요 제안이다[37]. 그것은 신앙고백적이다. 인간은 해방자 신과 함께 기술 사회의 마지막 위험 속으로 진정성을 가지고 대결한다면 희망이 있다.[38] 엘륄은 기독교 신앙은 현대사회를 특징짓는 기술의 특성과 법칙에 굴복해 가고 있지만 "언제나 그렇게 되라는 법은 없다"고 믿기에 새로운 현실을 살 수 있는 희망은 있다고 말한다.[39]

엘륄이 현대 기술 사회가 직면하고 있는 문제들에 관하여 제시하는 대응 방안은 실존적 개인적 접근 방법이라고 보여진다.[40] 우선, 엘륄의 기독교적 대안은 기술 사회에 대한 사회학적 분석과 연구의 결과로부터 나오는 필연적 선택과 대처라고 양해할 수 있을 것 같다. 기술 체제가 안정적으로 사회 체제화되고 "인간을 결정하는 초월적 심급"[41]으로 자리를 잡게 되면 사람들은 그 체제의 일부로서 순응해서 살아갈 수밖에 없다. 따라서 대부분의 사람들에게는 기술 사회의 변화와 혁명에 대한 사회학적 가능성은 불가능한 것으로 보인다. 이러한 상황에서 엘륄이 제시하는 기독교적 대안은 자기 나름대로 정당한 권리를 가진다고 보아야 할 것이다. 왜

---

36) 같은 책, 324쪽.
37) 같은 책, 325쪽.
38) 같은 책, 327쪽.
39) 같은 책, 326쪽.
40) 이중원·홍성욱 외 지음, 『필로테크놀로지를 말한다』(서울: 해나무, 2012), 89쪽.
41) 엘륄의 기술 결정론에 대해 문의하고자 명지대 윤지영 박사와 주고받은 사적 전송 서신에서 윤 박사가 사용한 표현을 인용했다.

냐하면 인공적인 기술로 둘러싸인 인간에게 탈출구는 없기 때문이다.[42] 그렇다면 출기술出技術의 운명은 오로지 인간이 의지를 가지고 실천적으로 행동하는 것은 필연적이다. 따라서 엘륄의 신학적 대안은 자신의 사회학적 연구 내용과 그 성과를 잘 인지하며 그에 따라 내놓은 처방으로서 일관성이 있다고 여겨진다. 이 점에서는 납득할 수 있다. 또한 그 방법은 개개인의 실존에게 기술 사회에 대한 책임 의식을 강력하게 일깨운다는 점에서 숭고한 면도 있다.

하지만 그 방법만 유일하고 다른 방법은 없는지 하는 의문은 어쩔 수 없이 일어난다. 문제 상황에 대한 인간의 주체적 각성과 실천은 문제 해결의 불가피한 요소이다. 이 요소를 강렬하게 지시하는 것은 좋은 일이다. 엘륄의 기술 사회에 대한 이해와 분석과 처방은 멀리는 50년 가까이는 30년이 지난 지금 과연 어떤 실정에 놓여 있는가? 기술 사회와 체계의 운명적 장벽에 개입하고 저항하는 인간의 주체적 의지와 실천적 행동은 개선되었는가? 인간 실존의 변증법적 의지와 실천은 기술 사회의 문제는 악화되고 있는 상황인데 그러한 현실에 민감하게 대응하지 못한 채 주체적 역량을 기르고 세력화하는 데는 제자리 걸음은 아닌가?

만약 그렇다면 다른 방법을 강구해야 할 것인가? 아니면 아무리 역량을 강화하고 세력화하는 노력을 기울이더라도 어쩔 수 없는 파국의 길로 향하도록 운명지어져 있으므로 시지푸스의 신화를 반복하는 것으로 끝날 것인가? 엘륄의 대안과 방법은 기술의 위험에 대해 신을 기다리는 기회로 대처하려는 하이데거의 존재 사유보다 덜 허무주의적인가? 그래서 하이데거의 대안보다 더 나은 기회를 제공할 수 있는 방법인가? 주체적 싸움면에서는 낫다고 보여지지만 기술의 현실을 개혁하기에 모자라는 것은

---

42) 자크 엘륄, 『기술의 역사』, 박광덕 옮김, (서울: 한울, 1996). 448쪽.

피차일반이 아닌가? 기술 사회 속의 인간 실존과 기술 사회의 체제 간의 대립과 갈등 구조가 인간의 주체성 요소로만 통합되기에는 너무 벅찬 현실이 아닌? 기술 사회의 희망이 기독교적 진리의 가치 추구에 있으며 기독교 신앙의 투쟁이 언제나 소수자로 남으란 법은 없다고 믿고 싸운다고 해서 그 희망과 투쟁이 박해 받던 초대 기독교가 콘스탄티누스의 공인 사건과 같은 기적으로 변환되는 놀라운 일이 일어나리라고 믿어야 하는가?

현대 기술 사회에 대한 엘륄 이후의 구체적 경험적 실증적 연구는 엘륄의 비관적 전망과 달리 엘륄의 길을 따르지 않는 다른 길을 시사할 수 없는가? 그러한 연구의 결과와 인간의 주체적 의지 사이의 통합 방법이 엘륄의 변증법적 방법에만 의거해야 하고 변형되어 달리 구상화될 수 있는 길은 없는가? 엘륄의 사회학과 신학의 변증법적 방법은 기술의 경험적 실증적 성과와 그 귀결에 너무 부서지기 쉬운 방법으로 접근하는 것은 아닌가? 제2의 통합 방법은 인간과 사물이 원래 그러한 존재이기에 즉 원죄의 상태에 처해 있기에 어떻게 해도 불가능한가? 엘륄의 기술 사회에 대한 분석과 진단과 처방으로부터, 나는 기술 사회의 역사적 위기와 기회의 문제 앞에서 과학 기술 공학의 찬란한 경험적 성과를 긍정적으로 분석하고 수용하면서 기술 사회·권력·관료의 인간화를 지향하는 혁명적 의지를 동기 유발 motivation 또는 임파워링empowering하고 인간의 실존적 자유와 기술 사회구조 및 조직과 제도를 상호 통합할 수 있는 새로운 프레임frame을 상상하는 데로 나아가지 않을 수 없다.

4. 결론: 평가와 전망

하이데거와 엘륄은 현대의 고전적 기술론자로 분류되는 인물들이다. 하이데거는 현대 기술의 위기에 대해서 존재를 기다리면서 인내함으로 대응하고, 엘륄은 출구가 없는 기술 사회의 현실에 적극적 의지를 가지고 능동적으로 참여할 것을 호소한다. 하이데거의 카피라이터는 존재의 소리에 부응하는 기술을 실천하라는 것일 테고 엘륄의 그것은 혁명적 의지를 가지고 기술적 현실에 적극적으로 개입하라는 것일 테다. 하이데거의 존재는 처음에는 몰입적이게 되면서 이끌려 가다가도 실체를 알고 보면 허탈한 느낌을 주고 엘륄은 처음부터 기술 사회의 실체적 분석에 입각하여 기술 사회의 현실에 깊이 관여했으므로 위기 극복을 위해 힘과 용기를 가지고 능동적으로 실천하고 또 노력했다는 점에서 본이 된다. 엘륄의 사회적 기술 진단과 신학적 처방은 본인의 사회적 실천의 삶을 통해서 동력을 얻어가는 데 비해, 하이데거의 존재론적 진단과 존재·신학적 관조론적 처방은 관념 속에서 현실의 위기를 해결하고자 하는 성향을 보인다.

나는 하이데거의 존재 교육을 받은 사람이 많아진다고 해서 현대사회의 기술의 위기적 현실이 해결된다는 생각은 들지 않는다. 하이데거가 존재에 대한 소양이 부족해서 나치즘에 방조한 것은 아닐 것이다. 그것은 발딛고 있는 현실과 삶에 대해서 너무나 근본적이기는 하나 그 본질에 대해서는 과잉 반성을 너무나 많이 한다고 생각한다. 현실의 문제에 대한 해결점을 찾아가는 데 있어서 우리에게 주어지는 선택지들은 매우 제한적이지 그렇게 심오하고 광활하지 않다. 수명이 끝난 고리 원전 폐쇄 문제, 밀양 송전탑 반대 문제 등에 대해서 하이데거의 존재 사유에 근거한 전략과 전술은 그렇게 많지 않다. 4대강 사업 저지 문제에 대해서도, 핵무기·핵 발전 기술에 대한 저항과 투쟁 문제에 대해서도 마찬가지이다. 차라리 하이데거와 비관적 전망을 소유한다는 점에서는 동일하지만 혁명적 의지를 가지고 끝까지 인간의 자유를 위해 투쟁하는 엘륄의 입장이 현실적으로 절실하다고 본다. 기술 사회 체제 아래에서 그 저항할 수 없는 무서운 통제력에 의해서 기술의 주인이기보다는 체제의 종으로 되어 가는 위기 상황에서 개개인이 스스로 자기 자신의 자유와 존엄성을 지키려는 "주체의 각성"[43]보다 더 시급한 것이 어디에 있겠는가!

그러나 하이데거의 입장이든 엘륄의 입장이든 문제 해결의 주안점이 개인적 주체이고 개인의 의식화 문제라는 점에서 공히 한계를 보인다. 현대 첨단 기술을 둘러싼 위기 문제에 대해서 개인의 참여는 필수적이지만 그것은 모두 개인적 차원에서 기술 사회의 현실을 극복한다는 전략이고 기술 체제와 사회의 변화를 가져올 수 있는 사회 제도적·구조적·조직적 개혁 방향과 대안에 대해서는 구체적인 방책이 없다. 기술이 자본처럼 종교가 되었기에 체제의 변화는 불가능하다는 입장에 대해서 하이데거는 비관적이었고 엘륄 역시 비관적이지만 그래도 그는 하이데거와 달리 주저앉지 않고 능동적으로 용기와 의지를 가지고 현실을 극복하기 위해 노력했지만 여전히 둘 다 그 기조는 단순화의 비난을 무릅쓴다면 방법이 없다는 것으로 정리된다. 따라서 이들의 대책을 넘어서는 새로운 창의적 전략이 추구되어야 하며 그것은 체제의 변화를 동인할 수 있는 것이어야 한다. 기술 사회 체제를 개량하고 개선하고 새롭게 형성하고 구성하는 수준의 이론도 필요하지만 그 이상 가는 좋은 긍정적 의미의 급진적 변혁 이론도 필요하다. 기술techne은 언제나 새로움novum이므로 하물며 인간이 새롭지novum 않다면 기술techne보다 못할 것이므로.[44]

---

43) 로베르토 웅거, 『주체의 각성: 사회개혁의 철학적 문법』, 이재승 옮김, (서울: 앨피, 2012) 참조. 흥미롭게도, 웅거는 철학을 "대체적으로 슈퍼과학으로 위장된 자기위안이었다"고 주장한다. 물론 그는 철학의 유용한 가치를 부인하는 것은 아니다. 420쪽 참조.

44) 이 글은 "현대 기술과 구원의 문제"라는 제목으로 대한철학회 학술지 『철학연구』(131집, 2014년 8월)에 발표되었다.

참고문헌

『성경』, 표준새번역, 대한성서공회.

가브리엘 바하니안, 『하나님과 유토피아: 교회와 테크닉』, 양명수 옮김, 서울: 성
  광문화사, 1991.

김동규, 『철학의 모비딕』, 서울: 문학동네, 2013.

_____, 『하이데거의 사이예술론』, 서울: 그린비, 2009.

김동훈, 『행복한 시지푸스의 사색: 하이데거 존재론과 예술철학』, 서울: 마티,
  2012.

김선희, 『과학 기술과 인간 정체성』, 서울: 아카넷, 2012.

도성달 외, 『과학 기술 시대의 삶의 양식과 윤리』, 서울: 울력, 2002.

로베르토 웅거, 『주체의 각성: 사회개혁의 철학적 문법』, 이재승 옮김, 서울: 앨
  피, 2012.

루이스, 『인간 폐지』, 이종태 옮김, 서울: 홍성사, 2006.

하이데거, 『니체 I』, 박찬국 옮김, 서울: 길, 2010.

_____, 『니체 II』, 박찬국 옮김, 서울: 길, 2012.

_____, 『강연과 논문』, 이기상 신상희 박찬국 옮김, 서울: 이학사, 2008.

_____, 『기술과 전향』, 이기상 옮김, 서울: 서광사, 1993.

브라이언 크리스찬, 『가장 인간적인 인간』, 최호영 옮김, 서울: 책읽는 수요일,
  2012.

손화철, 『현대 기술의 빛과 그림자』, 서울: 김영사, 2006.

앙리-레비, 『철학은 전쟁이다』, 김병욱 옮김, 서울: 사람의 무늬, 2013.

이중원·홍성욱 외 지음, 『필로테크놀로지를 말한다』, 서울: 해나무, 2012.

자크 엘루, 『기술의 역사』, 박광덕 옮김, 서울: 한울, 1996.

자끄 엘륄, 『도시의 의미』, 최홍숙 옮김, 서울: 한국로고스연구원, 1992.

_____, 『기술체계』, 이상민 옮김, 대전: 대장간, 2013.

_____, 『인간을 위한 혁명』, 하태환 옮김, 대전: 대장간, 2012.

_____, 『머리 둘 곳 없던 예수: 대도시의 성서적 의미』, 황종대 옮김, 대전: 대
  장간, 2013.

_____, 『혁명의 해부』, 황종대 옮김, 대전: 대장간, 2013.

_____, 『자유의 투쟁』, 박건택 옮김, 서울: 솔로몬, 2008.

장 이브 고피, 『기술철학』, 황수영 옮김, 서울: 한길사, 2003.

쟈크 엘룰, 『쟈크 엘룰 사상 입문』, 김점옥 옮김, 서울: 솔로몬, 1994.

케빈 워릭, 『나는 왜 사이보그가 되었는가?』, 정은영 옮김, 서울: 김영사, 2004.

티모시 클라크, 『마르틴 하이데거: 너무나 근본적인』, 김동규 옮김, 서울: 앨피, 2008.

프레더릭 페레, 『기술철학』, 박준호 옮김, 서울: 서광사, 2009.

피터 싱어, 『하이테크 전쟁: 로봇혁명과 21세기 전투』, 권영근 옮김, 서울: 지안 출판사, 2011.

김재철, 「하이데거의 과학과 기술 비판」, 『철학연구』108집, 대한철학회, 2008.

김진, 「자연 주체와 기술 유토피아」, 『철학논총』46집, 새한철학회, 2006.

김향선, 「하이데거에 있어서 기술 문명과 구원의 문제」, 『철학연구』78집, 대한철학회, 2001.

배상식, 「철학과 예술의 화해: 하이데거의 존재론적 예술론」, 『철학연구』76집, 대한철학회, 2000.

손화철, 「기술철학에서의 경험으로의 전환: 그 의의와 한계」, 『철학』87집, 한국철학회, 2006.

_____, 「자끄 엘륄의 기술 철학과 기독교 사상: '변증법' 개념을 중심으로」, 한국철학회 60주년 기념 학술대회 한국 기독교 철학회 분과 발표 논문 2013. 6. 1.

윤지영, 「비판적 포스트휴머니즘−혼종적 장치로서의 주체: 사건−주체」, 한국철학회 60주년 기념 학술대회 한국 여성 철학회 분과 발표 논문 2013. 6. 1.

이서규, 「하이데거에서의 인간과 기술의 관계에 대한 고찰」, 『철학논총』29집, 새한철학회, 2002.

이재성, 「하이데거 철학의 생활세계와 실존론적 분석의 문제」, 『철학논총』48집, 새한철학회, 2007.

Jeffrey P. Greenman, *Understanding Jacques Ellul*, Eugene, OR.: Cascade Books, 2012.

Martin Heidegger, edited by T. Sheehan, *Heidegger: The Man and the Thinker*, Chicago: Transaction Publishers, 2009.

기독교의 대안적 주체성

제3장

기독교의 대안적 주체성

1. 서론: 문제의식

서양철학사가 의식일변도의 철학이었음은 주지의 사실이다. 서양철학은 반영구적으로 의식의 신비, 의식의 경이에 홀려 있었다고 해도 과언은 아니다. 〈내가 여기에 있다〉는 돌연한 놀라움은 서양철학을 장구한 세월 동안 그 마법에서 벗어나지 못하게 했다. 의식에 눈을 뜨게 되면서부터 의식은 자기의식이 되었고 자기의식은 인간 본질의 유일한 규정이 되다시피 했다. 각자의 의식은 많은 생각과 반성들이 넘쳐나게 되었으므로 저마다 다른 자아를 형성하게 된다. 이러한 자아는 반성적 자기의식으로서 우주 생명체 가운데 어떠한 의식보다도 탁월하게 발전하게 되었다. 이 때문에 인간은 우주에서 독특하고 중심적인 지위를 차지하게 되었다. '자기 자신을 사고하는 사고', 아리스토텔레스의 용어를 빌면 "사유의 사유"는 참으로 인간을 신비스럽게 만든 우주의 기적이요 매혹이라고 불러도 손색이 없을 것이다.

의식 존재로서 우리는 의식을 의식하고 세계를 의식한다. 의식을 통해서 세계를 자각함으로써 우리가 듣고 보고 지각한 것을 생각하며 비판하고 그에 대한 이유를 평가한다. 다시 말해서 합리성이 가능해진다. 합리성은 의식의 자기 체험과 세계 경험을 비판적으로 검토하기 위한 거리두기를 뜻한다. 감정과 욕망과 지각과 반성에 대해 거리를 두는 능력이 인간만의 고유한 능력이다. 이러한 반성 능력이 여의치 않을 때 인간은 구속되기도 하고 속박되기도 하며 반대로 성공적으로 수행될 때 인간은 자유롭게 되기도 한다. 이러한 능력이 없는데 존재론적이 될 수는 없을 것이다. 바꾸어 말하면 인간이 자기 존재의 의미, 의식의 기원과 의미, 존재의 의미와 본질을 묻는 것은 불가능하다. 우리는 누구인가, 우리는 무엇인가 하는 인간의 정체성 또는 자아의 정체성은 우리가 우리 자신에 대해서 어떻게 생각하는가 또는 어떻게 생각하도록 길러지고 키워졌는가에 따라 좌우된다. 철학사에서 명멸을 거듭하는 수많은 서로 다른 자아 개념과 자기의식 개념은 자연스럽고 불가피한 것이다.

　이러한 개념적 다양성과 이론들이 출몰하는 것은 반성하는 사람들이 저마다 자기 자신의 개인적 관점이나 조망에서 세계를 경험하기 때문이다. 소박하게 말해서, 복잡한 의식적 경험과 삶을 배경으로 해서 특수한 방식으로 세계를 보는 것을 주체성이라고 부른다. 서양철학의 기조는 이 주체성을 자아라고 보는 데서 형성되었고 발전해왔다. 자아는 서양철학의 지배적 주체성이었다. 자아는 특히 근대에 와서 데카르트가 "나는 생각한다 그러므로 나는 존재한다"라고 정식화한 후 칸트와 독일 관념론을 경유하여 후설에 이르러 선험적 자아의 절대적 자기 명증성에서 정점에 도달했다. 근대적 주체성의 최후 주자로서 후설의 선험적 자아는 하이데거에 의해서 자아의 탈중심화 방향으로 선회하여 현존재 또는 세계-내-존재로 변형을 겪었으며 근대 인식론의 패러다임을 비판하는 리오타르의

『포스트모던적 조건』[1]에서 도전을 받았고 라캉에 의해 그 주체성이 전복됨으로써 추락했고 푸코에 와서 주체가 권력관계에 의해서 형성되는 것이 드러남으로써 종말을 고하게 되었다. 그러다가 지젝이 데카르트의 코기토를 정신분석학적으로 소생시켜 갱신하고 급기야 사회 해방과 투쟁을 위한 주체성, 진리에 충실한 주체를 정립하는 바디우에 의해서 주체가 복권된다.

어떤 철학 연구자는 서양의 고대 철학에서 현대 철학에 이르기까지 자아 이론을 모두 연구한 후 다음과 같이 결론내렸다.

> 자아 […]에 대한 서구 사상을 전반적으로 돌아보건대 […] 사상가들은 자아 즉 '나'의 지위를 고귀한 신분으로 격상시키는 데 집착했던 것으로 보인다. […] 그러나 그 노력은 과학의 발달 앞에서 대부분 결실을 보지 못했다. […] '내'가 […] 허구가 되는가 하면 설명의 근거였던 것이 설명을 필요로 하는 존재가 되고 말았다. 자아는 더 이상 높은 위치에 머무를 수가 없었다. 다시는 그 자리에 오를 수 있을 것 같지도 않다. 그것은 마치 서구문명이 그 동안 장기간 자아 여행을 하다가 마침내 종지부를 찍은 것과 같다. […] 앞으로 역사는 '영혼의 어두운 밤'이라는 새로운 시기에 접어들 것이다.[2]

이것은 매우 심각한 결론이고 엄중한 사태이다. 어떤 방식으로든지 주체의 몰락에 대한 응전과 도전이 요구된다. 이것이 이 글에서 근대적·탈

---

1) 리오타르, 『포스트모던적 조건』, 이현복 옮김, (서울: 서광사, 1992).
2) 레이먼드 마틴, 존 배러시 지음, 『영혼과 자아의 성장과 몰락』, 마리 오 옮김, (서울: 영림카디널, 2008), 421-422쪽.

근대적 철학자들의 주체 이론을 연구하는 첫째 이유이다. 이들의 주체 이론을 연구하는 것은 주체로서의 자아의 지위나 위상이 예전과는 확실히 달라졌으나 그렇다고 주체 없이 인간의 삶이 진행될 수는 없다고 생각하기 때문이다. 아무리 자아-주체가 그 위력을 상실했다고 해도 그 주체 뒤에 오는 것은 역시 주체일 수밖에 없다. 인간이 의식 존재로서 반성적으로 사고하는 한 주체성은 인간 존재의 숙명적인 운명과 같은 것이기 때문이다. 따라서 어떤 의미의 주체인가가 문제이지 주체가 없는 것은 아니다. 주체에 대한 부정도 주체의 긍정 없이는 성립할 수 없지 않겠는가? 다만 어떤 주체인지가 문제인 것이다.

둘째 이유는 보다 실천적인 것이다. 철학이 현실에 개입해야 한다는 요구에 부응하기 위해서이다. 철학이 정치-경제-사회적 현실에 간섭해야 한다는 주장을 외면할 수 없다는 동기 때문이다.

현대사회는 여러 관점에서 특성화되어 규정되고 있다. 울리히 벡에 의하면[3] 현대사회는 위협과 위기가 가득한 위험 사회이다. 근대성의 위기, 환경의 위기, 기후의 파국적 재앙, 개인화되는 사회적 불평등 등과 같은 것들이 항존하고 있고 이러한 위험은 복구불능의 재앙으로서 발생하면 막을 수 있는 것이 아니다. 일례로 핵무기와 핵발전은 사고가 나면 곧바로 인류의 종말이기에 사후가 불가한 파국이다.

롤런드 로버트슨에 의하면[4] 현대사회는 지역 경제 문화 정치 시간 공간 등이 하나의 세계로 압축되고 세계를 하나의 전체로서 강력하게 의식화 시키는 세계화 사회이다. 모든 지구인들이 세계의 상호의존과 세계의식

---

3) 울리히 벡 , 『위험사회: 새로운 근대(성)를 향하여』, 홍성태 옮김, (서울: 새물결, 1997).
4) 롤런드 로버트슨 외 , 『근대성, 탈근대성, 그리고 세계화』, 윤민재 편역, (서울: 사회문화연구소, 2000).

의 점진적인 강화에 동참하고 있다. 특히 자본의 힘과 위력, 시장 논리의 헤게모니에 저항할 수 없는 새로운 세계 질서에 편입되고 있다.

앤소니 기든스에 의하면[5] 현대사회는 후설이 말하는 〈자연적 태도의 일반적 정립〉이 끊임없이 흔들리는 사회이다. 자아는 일상적으로 당연시해 왔던 세계의 안전을 위협하는 무수한 사건들을 여과하면서 자신의 존재론적 안전감을 지속하고 유지해야 한다. 자아는 수많은 선택과 기회 앞에 개방되어 택정해야 한다. 즉 개인의 주체성과 정체성을 형성해 가야 하는 고단한 고난의 삶을 영위해야 한다. 이렇게 현대사회는 고난 사회이다.

또한 현대사회는 불안 사회이기도 하다.[6] 찰스 테일러는 현대사회가 개인주의 도덕성의 변질, 도구적 기술적 이성의 승리, 시민의 정치적 자유의 상실로 인해 상시적으로 불안한 삶을 영위하는 사회가 되고 말았다고 분석한다.

셋째 이유도 역시 실천적인 것이다. 시선을 국내로 돌려 한국 사회를 관측하면, 한국 사회는 위험 사회이다.[7] 한국 사회는 분노 사회이다.[8] 한국 사회는 잉여 루저 사회이다.[9] 한국 사회는 포기 절망 사회이다.[10] 한국 사회는 불신 사회이다. 한국 사회는 안전 없는 사회이다. 한국 사회는 무한 경쟁 사회이다. 한국 사회는 강자 생존 사회이다. 한국 사회는 승자 독

5) 앤소니 기든스, 『현대성과 자아정체성: 후기 현대의 자아와 사회』, 권기돈 옮김, (서울: 새물결, 1997).
6) 찰스 테일러, 『불안한 현대사회』, 송영배 옮김, (서울: 이학사, 2001).
7) 홍성태, 『대한민국 위험사회』(서울: 당대, 2007).
8) 정지우, 『분노사회』(서울: 이경, 2014).
9) 한윤형, 『청춘을 위한 나라는 없다』(서울: 어크로스, 2013); 최태섭, 『잉여사회』(서울: 웅진지식하우스, 2013).
10) 2030세대를 일컬어 삼포세대라고들 하는데, 연애, 결혼, 출산의 포기를 말하고 이들 세대는 미래에 오포 세대로 편입된다. 오포는 삼포에다 관계 포기와 내집 포기를 더한 것이다.

식 사회이다. 한국 사회는 업적 사회이다. 한국 사회는 피로 사회이다.[11] 한국 사회는 성과 사회이다. 한국 사회는 책임 실종 면책 사회이다. 세월호 참사에 대한 사죄와 책임에서 국무총리가 사임 의사를 모든 국민들 앞에 공지하고는 2개월 뒤에 대통령의 권고로 다시 국무총리직에 복귀하는 희대의 코미디 인사를 모든 국민이 아무렇지도 않은 듯이 바라본다. 아무도 책임지지 않는 현실에 아주 익숙해져 있기 때문이다. 세월호 참사는 한국 사회의 정치-경제-사회적 현실의 민낯과 불의를 상징적으로 극명하게 보여준다.

2014년 4월 16일은 국가 기념일로 법제화해서 모든 국민이 그 사건의 의미를 되새기고 국민에 대한 공직자의 책임 의식에 경고를 발하고 한국 사회가 안전 복지 사회를 지향하는 변곡점으로 삼아야 할 것이다. 세월호 특별법[12]이 제정되어 진상 규명과 책임자 처벌 그리고 재발 방지를 위한 제도적 장치를 마련함으로써 한국 사회의 일대 혁신을 실현해야 한다. 한국 사회를 이끌어갈 주역과 인재를 길러내는 대학 사회는 대학 사회의 시장화·기업화에 맞서는 소수 진보 지식인들의 저항 이외에는 모두가 투항

---

11) 한병철, 『피로사회』(서울: 문학과 지성사, 2012).

12) 세월호 특별법안은 2014년 8월 7일에 진상조사위의 수사권, 기소권을 빼는 조건으로 여야에 의해 합의되었다. 새정치당과 새누리당이 얼마나 헌정치당이고 헌누리당인가를 이보다 더 극명하게 보여줄 수는 없을 것이다. 국민을 대표하는 한국 사회의 정당정치가 국민을 무시하고 국가 체계의 혁신에 대한 국민의 의사와는 정반대되는 결정을 내린다. 정당이 국민과 국가의 이익보다도 자신의 이익과 기득권을 지키며 국민의 심정을 아랑곳하지 않는 위험과 위험을 저지른다. 본문 논의의 맥락에서 벗어나지만 덧붙인다. 이 합의는 새 정치당이 7.30 재보선에서 완패한 직후 당 혁신과 재건을 위한 비상대책위로 전환하여 박영선 원내 대표가 대책 위원장으로 추대된 8월 4일자로부터 3일만에 이루어졌다. 국가적 차원의 재난에 대한 야당 최고 지도자의 공감과 앙가주망이 어떤 수준에서 진행되어 왔는지를 인지할 수 있고, 따라서 깨어있는 국민들과 식자층은 유구무언에다 거의 절망에 공황 상태이다. 여당의 교활함과 공고함에 대해서는 망연자실을 넘어 전율을 느낀다. 대통령의 국가 개조 긴급 명령에 대한 복명이기는커녕 국민 기만과 술수로 온갖 재주를 태연자약하게 다 부린다. 세월호 참사 6개월이 지난(2014.10.16) 지금도 진상 조사는 전혀 이루어지지 않고 있다.

한 상태에서 교육 관료들에게 전전긍긍하고 있으며 대학생들은 아무런 사회 비판적 사고력도 저항 의식도 교육받지 못한 채 졸업하고 각성된 정치적 주체성이란 가져 본 적이 없으며 오로지 체제 순응적인, 체제복종적인 취업인력으로만 배출되고 있다. 한국 사회 전반에 걸친 참담한 삶은 그 삶 자체로부터 혁명을 요구하고 있는 듯하다.

이상과 같이 철학의 현대적 상황, 국제 사회와 한국 사회의 제반 형태와 양상을 거시적으로 조망할 때 진실로 해방의 공간을 개척하고 정치적 저항을 발기할 수 있는 새로운 주체성의 정립과 교육과 생산이 시급하지 않을 수 없다. 이러한 동기와 배경에서 이 글은 기획되었다. 사회 변혁과 해방에 적절한 대안적 주체성의 발명은 근대적·탈근대적 삶의 조건 속에서 철학이 능동적으로 대응하는 하나의 이론적 실천으로 평가될 수 있다. 주체성의 복귀라는 이러한 문제의식에서 이 글은 사회적 실천력을 보다 많이 담보할 수 있는 주체성을 발견하려는 의도를 가지고 있으며 먼저 이를 위한 정지 작업으로서 근대 이후의 주체 패러다임의 전개를 근대적 주체성, 탈근대적 주체성, 탈근대적 근대적 주체성으로 유형화하고 후설, 푸코, 바디우를 그 각각의 대표자로 세우고 그들의 주체 이론을 조사하고 검토하며 평가하고자 한다.

2. 근대적 주체성과 그 비판

데카르트 이래 자아와 주체성의 본성에 관한 연구는 서양 철학의 지배적인 주제가 되어 왔다. 후설은 이러한 전통 속에서 데카르트의 〈나는 사고한다ego cogito〉로 되돌아가서 데카르트의 판단중지의 은폐된 의미를 철저하게 파헤친다.[13] 데카르트처럼 후설도 판단중지를 수행하는 동안 〈나

---

13) 후설, 『유럽학문의 위기와 선험적 현상학』, 이종훈 옮김, (서울: 한길사, 1997), 161–167쪽.

는 존재한다〉는 것은 절대적 명증성이라고 동의한다. 하지만 후설은 데카르트의 판단중지는 덜 철저했다고 평가한다. 바꾸어 말하면 데카르트는 판단중지를 진지하게 수행하지 않았다고 비판한다. 데카르트는 방법적 회의를 수행했지만 세계의 존재와 그 타당성 일체를 괄호치지 않았다. 즉 "철저한 종류의 판단 중지"[14]를 수행하지 않았다. 왜냐하면 그는 자신의 목표에 사로잡혀 있었기 때문이다. 그는 이미 회의를 시작하기도 전에 물체의 세계에 대한 갈릴레이의 확신에 이미 지배되고 있었고 수학적 합리성을 자명한 것으로 확신했던 것이다.[15] 이렇듯 데카르트는 존재하는 것에 관한 그 모든 전제된 타당성을 억제하는 모양만을 취했을 뿐이다.

이로부터 나오는 결과는 사고하는 자아를 심리적 자아의 영역에서만 해석하고 선험적 주관성에 이르지 못하게 되었다는 점이다. 데카르트는 자신의 선험적 동기를 철저히 관철하지 못하고 중도에 그침으로써 자아의 절대적 필증성 이외에 주목해야 할 많은 절대적인 필증성의 영역들을 놓치게 되었다. 첫째, 세계의 존재가 나에 대해 존재하고 타당성을 갖는 세계로서 나타나는 바 현상으로 주어진다는 점이다. 둘째, 사고하는 나는 모든 세계와 세계 규정을 개별적인 사유 작용들로서뿐만 아니라 이것들의 흐름을 하나의 사유 작용의 보편적 통일로서 종합하는 모든 사유 작용 속에서 포괄한다는 점이다. 셋째, 사고하는 자아는 세계를 사유된 것들로서 사유하나 순수 의식의 영역이라고 부르는 새로운 존재 영역에서 구성되는 것으로 사유한다는 점이다. 이렇게 해서 "우리는 자아라는 명칭 아래 함께 포함된 절대적인 필증적 존재 영역을 갖게 된다."[16]

---

14) 같은 책, 156쪽.
15) 같은 책, 162쪽.
16) 같은 책, 160쪽.

그 중에서도 가장 중요한 의의를 가지는 것은 이러한 자아론적 존재 영역에서 세계의 존재 타당성과 의미를 이끌어내는 작업이다. 이러한 과제는 세계가 세계도 아닌 것인 자아로부터 어떻게 자신의 존재 의미를 가질 수 있는가 하는 문제이다. 이러한 과제는 주관적 현상에서 객관 세계를 정초하기를 추구하는 "완전히 새로운 종류의 철학함"[17]이다. 이것은 순수 자아가 자신의 작용과 능력을 통해 지향적 작업 수행으로서 성취하는 것은 무엇인가 하는 물음이다.[18] 이것은 판단중지 속에서 비로소 발견될 수 있었던 순수 자아의 기능과 구조를 체계적으로 물어보는 과제이다. 이것은 자아의 어떠한 내재적 작업 수행에서 자아 속의 현상인 세계가 그 존재 의미를 유지해왔는가 하는 문제이다. 이것은 "자아의 역설"[19]의 문제이고 "자아의 형이상학적 초월"[20]의 가능성의 문제이다.

자아가 세계 인식 또는 세계 의미를 어떻게 성립시키는가 하는 문제에 대한 해답의 실마리는 지향성에 있다. 지향성은 경험하고 사고하고 느끼고 의욕할 때 무엇인가를 의식하여 가지게 되는 작용으로 정의할 수 있다. 지향성이 없으면 의식은 고립된다. 후설의 경우, 의식이 세계와 사물에 대한 관계를 맺지 않고 홀로 존재할 수 없는 것은 바로 이 지향성 때문이다. 그런데 불행하게도 지향성은 내재적인 것이다. 다시 말해서 우리는 사물을 나의 의식 속에서 가지는 것이다. 따라서 순수 의식의 구성은 의식 내부의 일, 의식 내부의 초월성이며 곧 의식의 내재성이다. 따라서 후설의 선험적 현상학의 기본 임무는 의식의 내재성에서 의식의 초월성을 확보하는 일이다. 이 일이 판단중지와 현상학적 환원을 수행한 후에 획득되

---

17) 같은 책, 165–166쪽.
18) 같은 책, 166쪽.
19) 같은 책, 164쪽.
20) 같은 책, 168쪽.

는 의식 내재적이라는 의식의 흐름, 정신적 체험에서 수행된다. 세계가 자신에 대해서 가질 수 있는 모든 의미는 자아 속에 들어 있다. 세계 속에서 존재하는 모든 것은 곧바로 자아로부터 나온다. 나와 너, 내부와 외부와 같은 모든 구별은 절대적 자아 속에서 비로소 구성된다.[21] 자아는 만물의 관념론적 창조주라고 말해도 과언은 아니다.

　일단 현상학적 환원이 이루어지게 되면 의식은 모든 문제를 자기 내부에서 처리해 나가야 하는 운명에 처하게 된다. 순수 의식은 세계의 퇴거에서 성립하고 세계의 성격을 상실하며 세계로부터의 철수를 수행한 상태이다. 이러한 지위와 신분은 순수 의식이 자신에게 내재하는 표상과 관념에만 갇혀 있다는 것을 지시한다. 즉 순수 의식은 순수 내재에 갇혀 있는 상자 또는 감옥에 비유된다.[22] 순수 의식은 그 자원을 자신의 내부에서만 가져와야 하기 때문에 바깥으로 나갈 수 없게 된다. 이러한 어려운 처지에 봉착하게 되는 것은 후설이 전통에 따라 존재를 내재적 실재와 초월적 실재로 나누고 의식을 내재 존재로 보았기 때문이다.

　그런데 의식을 이미 거기Da 있는 존재sein라고 보게 되면 의식은 내재만은 아니게 된다. 즉 의식은 내재적이자 초재적인 존재가 되는 것이다. 인간 의식의 이러한 이중성을 하이데거는 의식의 개념 대신 현존재라고 불렀던 것이다. 따라서 현존재는 의식을 후설이 규정한 바와 같이 규정할 수 없다는 점을 지시하는 하이데거 특유의 신조어이다. 하이데거는 의식을 현존재로 대체함으로써 내재와 초재의 양자택일의 딜레마에서 벗어나고 후설의 의식 철학의 패러다임을 떠나게 된 것이다.

---

21) 같은 책, 166쪽.
22) Francois Raffoul, translated by David Pettigrew and Gregory Recco, *Heidegger and the Subject* (New York : Humanity Books, 1999), p. 142.

이렇게 해서 후설의 영원 숙제였던 자아의 배리요 역설이요 아포리아 즉 자아의 형이상학적 초월의 문제는 자동적으로 해결된다. 현존재의 초월적 즉 탈자적 성격은 후설이 지향성과 지향적 분석을 통해서 해결하고자 했던 초월적 대상과의 관계성을 자동적으로 확보해 준다. 자아와 자아의 사유 작용으로부터 외부 세계를 추론할 필요가 없이 자명한 사실로 된 것이다. 이 "수천 년 이래의 자명한 사실"[23]을 후설은 현상학적 환원을 통해서 풀고자 했으나 하이데거는 환원을 수행하지 않고도 해결한 것이다. 하이데거의 현존재 개념은 후설의 고르디우스의 매듭을 자르는 묘수인 셈이다.

이와 같이 하이데거의 현존재는 주객 관계의 아포리아를 해결할 수 있는 아르키메데스적 일점이다. 우리는 의식이나 자아에서 출발하지 않고 내재성과는 다른 곳 즉 외부에서 시작할 수 있게 되었다. 우리는 나는 생각하는 본질로서 존재한다는 확신을 버리고 우리 머릿 속에 있는 대상들에 대한 단순히 주관주의적 표상이라는 관습적 개념에서 자유롭지 않으면 안 되고 우리가 이미 거기 있다는 현존재의 양식에 개입하지 않으면 안 된다.[24]

현존재의 양식 중의 하나는 인간이 공동 존재라는 것이다. 물론 후설도 상호주관성을 논구한다. 하지만 후설의 연구는 선험적 주관성의 구성으로서 상호주관성을 말하는 단계에 머물러 있다. 이러한 구성적 접근은 다른 자아에 대한 자아의 자기 준거를 투영하는 것과 관련된다.[25] 여전히 내재성의 영역에 갇혀 있는 것이다. 자아가 타자적이라고 할지라도 그 타자

---

23) 같은 책, 156쪽.
24) 달마이어 ,『다른 하이데거』, 신충식 옮김, (서울: 문학과 지성사, 2011), 108쪽.
25) 같은 책, 112쪽.

적인 자아는 선험적 구성물인 것이다. 후설의 선험적 주관성은 이렇게 고립된 자아로부터 출발하기 때문에 거의 타자들이 없는 나, 세계 없는 주체로 존재한다. 타자의 공감은 선험적 주관성의 단순한 확장이나 "유비물"26) 또는 "투영물"27) 마침내 "파생물"28)로 처리되고 그와 정반대로 이해하는 것 즉 공동 존재에 토대하고 있음을 이해할 수 없게 되는 것이다. 다시 말해서 나-너, 우리, 공동체에 대한 선험적 구성은 공동 존재에 대한 전도된 이해를 드러낸다.

후설은 우리가 이미 항상 다른 사람들과 공유하는 세계를 정신적 체험의 개념틀로 접근하기 때문에 체험의 대상인 세계를 하나의 정신적인 것으로 만들고 이를 통해서 동시에 그 대상을 자신의 맥락 속에서 그리고 그것의 의미 속에 취하고 일정하게 정당화한다. 이러한 정신적 체험을 통해서 세계의 영성화, 정신화의 가능성이 발생한다.29) 그래서 정신적 체험은 "아주 극도로 과하게 진행된 승화"30)라고 풀이할 수 있다. 우리는 의식의 흐름 자체 속에서 미리 발굴한 정신적인 것, 그리고 그 자체로 주관적인 것을 세계 인식과 의미의 확실한 근거로 간주한다고 해서 세계 자체, 사물 자체로 돌아갈 수는 없다. 사물 자체에로 돌아가는 시도는 주체에 속하지 않는 것을 주체에 속하는 것처럼 설정함을 통해 성사될 수 없다.31)

선험적 주관성은 세계를 의미화하고, 사후 구성물로 만든다. 그래서 선험적 주관성은 진정한 공동 존재에의 참여와 개입을 잘 할 수가 없다.

---

26) Fred Dallmayr, *Twilight of Subjecttivity* (Amherst: University of Massachusetts Press, 1981), pp. 54, 55.
27) 같은 책, 52쪽.
28) 달마이어, 『다른 하이데거』, 신충식 옮김, (서울: 문학과 지성사, 2011), 110쪽.
29) 아도르노, 『부정변증법 강의』, 이순예 옮김, (서울: 세창출판사, 2012), 198쪽.
30) 같은 책, 198쪽.
31) 같은 책, 160쪽.

상호주관성은 선험적 주관성의 파생물로 나타난다. 그래서 선험적 주관성은 타자에 대한 공감, 세계에 대한 긴밀한 개입, 사회적 정치적 현실 참여를 진정으로 하는 것을 잘 할 수가 없다. 어쩌면 자신을 속박하는 현실을 희미하게 자각하는 촌부의 주체성이 현행 질서와 체제를 너무나 쉽게 수긍하고 순종하는 선험적 주관성보다 공공선을 실현하는 선한 삶에 더 나을 것이다. 선험적 주관성을 탈마법화하는 이론적 투쟁이 요구된다. 왜냐하면 선험적 주관성은 자신을 올바르게 의식하지 못하는 사회성으로[32] 폭로될 수 있기 때문이다.

후설은 말년에 객관적 학문의 모든 인식의 잊혀진 의미 기반으로서 생활세계를 발견한다. 자연과학은 객관성과 보편성의 참된 세계를 추구한다는 명분으로 우리가 일상적으로 당연시하면서 살아가는 생활 환경, 삶의 환경 세계를 주관적 속견Doxa의 세계로 다룬다. 그런데 주관에 상대적인 학문 이전의 또는 학문 외적인 이 일상적 경험의 구체적 시공간적 사물들의 세계[33]가 바로 자연과학이 성립하게 되는 근원이요 바탕이다. 객관적 학문의 인식과 그 타당성에 대한 판단중지를 통해서 생활세계를 발견하고 주제화하는 절차와 과정이 생활세계적 환원이다. 단적으로 말해서, 자연과학이 자연을 발견하는 대신 생활세계를 망각하고 은폐했다는 깨달음에 이르는 에포케인 것이다.

이것은 생활세계적 현상학에서 선험적 환원의 1단계에 해당한다.[34] 이 단계의 가치와 의의는 이 단계를 수행하지 않았다면 우리에 대해서 항상 미리 주어져 있는 일상적 경험의 자연과 사물의 세계가 객관적 학문 세계

---

32) 아도르노, 『부정변증법』, 홍승용 옮김, (서울: 한실사, 1999), 43쪽.
33) 후설 , 『유럽학문의 위기와 선험적 현상학』, 이종훈 옮김, (서울: 한길사, 1997), 244쪽.
34) 같은 책, 240쪽.

의 미리 주어져 있는 토대라는 사실이 알려질 수 없었다는 점에 있다. 따라서 환원 1단계의 전은 자연적 태도가 일반적이어서 자연스러운 것이라는 점이고 환원 1단계의 후는 그러한 자연적 태도를 무반성적 또는 비반성적인 것으로 드러내었다는 점이 각각 그 특성이라고 할 수 있겠다. 다시 말해서 자연적 태도를 비반성적인 것으로 규정한 것 자체가 반성적 태도로서 일종의 선험적 관점을 취한 것이라는 말이다. 전자가 자연적 태도의 삶에 묻혀서 산다면 후자는 더 이상 그렇지 않게 되었다는 점이 차이라고 할 수 있겠다.

생활세계의 현상학에서 선험적 환원의 2단계에 해당하는 절차는 이렇다.[35] 자연적 태도를 벗어나는 일보를 내디딤으로써 생활세계에 입문했다고 하더라도 후속 절차를 밟지 않는다면 자연적 태도의 삶과 동일할 것이다. 반성의 유무의 차이만 있을 뿐 미리 주어져 있는 생활세계를 소박하게 전제하고 살아가는 것은 자연적 태도나 선험적 태도나 차이가 없을 것이다. 따라서 생활세계로 들어가는 것만으로 불충분하며 "모든 인식 형성의 궁극적 원천으로 되돌아가서 묻는 동기"[36]에 따라 생활세계와 그 객체들이 어떻게 주어지는가에 대해서 선험적으로 이해시켜야 한다. 즉 생활세계가 어떻게 주관에서 주어지는가에 대해 선험적 수준에서 선험적 반성을 수행해야 한다. 이것이 진정한 의미의 선험적 판단중지 즉 선험적 환원이다.[37] 이렇게 생활세계를 선험적 현상으로 환원하고 선험적 주관성에로 귀환시키는 것[38]이야말로 선험적 환원의 최종 목표이다. 따라서 선

---

35) 같은 책, 257쪽.
36) 같은 책, 189쪽.
37) 같은 책, 262-264쪽.
38) 같은 책, 264쪽.

험적 환원을 철저하게 수행하려면 자연적 삶과 태도의 "총체적 변경"[39], "철저한 변경"[40], "완전한 변경"[41]이 필요하다.

그러나 선험적 관점 또는 태도로의 변경에 의해서 일어난 것은 무엇인가? 생활세계 그 자체가 미리 주어져 있다는 사실에는 어떠한 변화도 없다. 관점의 변경은 있으나 그 세계 자체는 그대로이다. 생활세계는 그것이 이전에 존재하였던 것으로 머물러 있지만 지금은 선험적 주관성 속의 단순한 구성요소로서 그리고 선험성 또는 선험적인 것으로서 판명된다.[42] 하나의 동일한 현실이 자연적 태도에서는 경험적 세속적 세계로서 여전하고 선험적 수준에서는 선험적 주관의 현상·경험·현실로서 존재한다. 자연적 태도에서 보면 선험적 삶과 주관은 존재하는 것이 아니다. 선험적 태도에서 보면 자연적 태도와 생활은 "선험적 삶의 어떤 특별한 방식"[43]으로 파악된다. 바꾸어 말하면 선험적 주관성이 그 속에 살고 있는데도 알지 못하고 의식하지 못하여 깨닫지 못하는 삶이요 자세라는 것이다. 여기서 우리의 일상적 삶의 환경과 현실은 선험적 자아가 없는 삶과 현실로 규정되기에 이른다. 주체에 의해 마련되지 않았던 실재가 주체에 의해 마련된 실재, 의식에 의해 만들어지고 주조된 실재로 설정되고 그냥 그대로 받아들여진다. "그래서 그것은 어떤 정신철학보다도 지배적 본질에 대해 비판적 자체 반성을 수행할 능력이 없다."[44] 따라서 남는 것은 "이미 존재하는 것에 대한 긍정 즉 권력에 대한 긍정밖에 없다."[45]

---

39) 같은 책, 257, 258쪽.

40) 같은 책, 261쪽.

41) 같은 책, 260쪽.

42) 같은 책, 296, 305, 308쪽.

43) 같은 책, 299쪽.

44) 아도르노, 『부정변증법』, 홍승용 옮김, (서울: 한길사, 1999), 167쪽.

45) 같은 책, p. 206.

철학자는 단순히 있는 그대로의 사실성에 근거해서 탐구하는 것이 아니라 있는 그대로의 사실을 아무것도 상실하지 않는다고 하면서 사실로부터 사실을 초월하는 위치에 선다. 사실의 객관성과 본질은 우리에 대한 사실 속에서 찾아지고 순수 의식의 지향적 대상성에 약간의 관심을 기울이면 인식될 수 있고 보증될 수 있다. 세계의 객관성과 본질들은 경험된 것, 구체적인 것, 개별적인 것을 대하는 특정하게 형성된 선험적 사유 태도의 결실들이다.[46] 그것들은 미리 인식 주관에 들어박혀 있고 그 속에 완성되어 있다. 인식하는 의식이 실현시켜 주기만 하면 된다. 요컨대 객관성은 주관성이 관념적으로 이제 비로소 성사시켜야 한다고 착각하고 있는 것을 필연적으로 전제하는 그런 무엇으로 인식된다.[47] 이러한 사고방식은 우리를 "잘못된 실천"[48]으로 인도할 것이다.

철학자는 선험적 태도를 취고 자연적 수행 자체를 거부하는 관점을 취하기 때문에 원천적으로 원칙적으로 우리의 삶의 자리와 환경을 건드리지 않아야 하고, 이미 인정하고 그냥 그 속에서 살아가야 한다. 이 점에서 선험적 환원은 지배적인 현실을 무반성적으로 인정하는 실증주의적 사고방식인 데가 있다. 아우슈비츠 수용소의 현실과 군위안부 할머니의 현실은 미리 주어져 있는 생활세계라서 그것이 미리 주어져 있는 방식에 대한 선험적 동기와 태도에서 탐구되어야 하며 무진장하게 풍부하게 바라보고 경험할 수 있는 방식을 제시하는 것으로 족하다. 경험적 세속적 세계가 알고 보면 선험적 세계와 동일하다든가 경험적 자아와 선험적 자아는 다른 자아가 아니라 동일하다든가 하는 깨달음이 매우 중요하지 그러한 경험

---

46) 아도르노, 『부정변증법 강의』, 이순예 옮김, (서울: 세창출판사, 2012), 156쪽.
47) 같은 책, 161쪽.
48) 같은 책, 139쪽.

적 현실이 우리를 구속하고 속박하는 사회구조적 억압은 관심 밖에 놓인다.

물론 선험적 환원의 효과는 세계가 미리 주어져 있다는 구속으로부터 우리를 자유롭게 하고 이러한 구속으로부터의 해방과 더불어 세계와 세계의식 사이의 절대적 상관관계를 통찰하게 하는 것에 있다.[49] 그러나 항상 능동적으로 새롭게 세계를 형성하는 선험적 주관성의 의식삶만을 생각하지 그 자연적 생과 세계가 지배적 이데올로기가 되어서 그 위력을 발휘하는 위협에 대해서는 그다지 고려하지 않는다. 우리가 발 딛고 사는 언어 세계·전통 세계·환경 세계·문화 세계·역사 세계 등 삶의 환경 일체는 생활세계로서 현상태status quo 그대로 받아들여지는 것이다. 이러한 의미에서 선험적 주관의 삶은 "현실추수적 형태"[50]를 띤다. 따라서 선험적 주관성은 관점과 태도의 변경으로 성취하는 해방을 넘어서 우리를 속박하는 억압적 야만적 생활세계, 행정과 관료에 의해 식민지화되어가는 생활세계[51]를 해방시킬 수 있는 실천적 변혁적 주체성으로 변화할 필요가 있다.

3. 탈근대적 주체성과 그 비판

우리는 앞서 자연적 생을 사는 사람에게는 선험적 자아는 존재하지 않는다고 말했다. 그들에게 선험적 자아는 경험적으로 지각하고 아는 자아 즉 경험적 자아일 뿐이다. 따라서 선험적 사유 태도를 취하기 시작하면 인간 존재는 경험성과 선험성의 이중 체제[52]로 구성되고 해석된다. 경험적

49) 후설, 『유럽학문의 위기와 선험적 현상학』(서울: 한길사, 1997), 262쪽.
50) 아도르노, 『부정변증법 강의』(서울: 세창출판사, 2012), 128쪽.
51) 밀양 고압 송전탑 건설 강행으로 인한 주민들의 생활세계 파괴와 갈등이 그 좋은 사례이다.
52) 류의근 편, 『현대사회와 철학』(대구: 형설출판사, 1991), 290쪽; David Carr, *The Paradox of*

인 것은 경험적인 것이기를 그치고 선험적인 것 안에서 나뉘어져 나온 것, 선험적 주체가 자기를 대상화한 것이 된다. 다시 말해서 경험적인 것은 이 중화를 겪는다. 선험적인 것 속에서 경험적인 것은 이중성을 띠게 되는 것이다. 이와 같이 선험적인 것 속에서 경험적인 것이 이중화됨으로써 경험적 자아는 "선험적 자아의 자기객관화"[53]로 규정되기에 이른다. 선험성이 우위를 점하게 되면 자연적 경험적 세속적 세계는 그렇게 보이게 되는 것이다.

그러나 푸코는 인간을 이렇게 "경험적–선험적 이중체"[54]로 특성화하는 인간 규정은 유럽 문화 속에서 생겨난 최근의 산물이고 그 역사는 150년밖에 되지 않았으며 이내 역사에서 사라지게 될 것이라고 예견한다.[55] 선험적 인간형에 대한 푸코의 전망은 현실이 될지도 모르고 사실상 그렇게 되어가는 듯하다. 선험적 인간 주체성에 대한 푸코의 평가의 핵심은 경험적 자아 없이는 선험적 자아가 없다는 사상에 있다. 선험적 주체성은 문화적 역사적 산물이며 사회나 개인이 없는데 어떻게 선험적 주관성이 가능하겠는가 하는 불만이다. 푸코의 주체 철학은 우리 문화에 있어서 인간이 주체로 되는 수단으로서 상이한 방식들의 역사를 창조하는 것이며 인간을 주체로 변형시키는 방식을 연구하는 것이다.[56] 요컨대 푸코는 지식, 역사, 사회 등을 통해서 특정한 방식으로 특수하게 형성되는 주체화의 논

Subjectivity (New York: Oxford University Press, 1999), p. 138.

53) 후설, 『유럽학문의 위기와 선험적 현상학』(서울: 한길사, 1997), 314쪽.

54) 류의근 편, 『현대사회와 철학』(대구: 형설출판사, 1991), 284, 290쪽.

55) 같은 책, 326쪽.

56) 드레퓌스, 라비노우, 『미셸 푸코: 구조주의와 해석학을 넘어서』, 서우석 옮김, (서울: 나남, 1996), 297-298쪽. 이것은 선험적 주관이 자신의 경험을 구성하는 것, 자신의 경험에 의미를 부여하는 것을 괄호 치는 것을 의미한다. 이것은 모든 객관적 학문과 인식에 토대를 놓으려는 모든 시도를 중지하는 것이다. 말 하자면 푸코는 후설의 선험적 환원을 거꾸로 환원한 것이다.

리를 규명하려는 것이다. 이것은 "선험적 기초의 논제를 외부성의 관계에 대한 서술로, 기원에 대한 의문을 축적의 분석으로 대체하는" "실증주의"[57]이다. 이것은 지향성 없는 주체를 추구하는 일이고 근대적 주체의 해체와 인간의 종언을 겨냥한다. 이제 푸코가 인간이 어떻게 주체로 만들어지는가에 대해 어떻게 답하는지를 살펴보자.

자본주의의 성장과 발전에 힘입어 근대사회의 부는 급속하게 증가했다. 상점, 항구, 창고 등 사회 곳곳에 부의 축적이 이루어졌다. 이와 더불어 사회적 범죄와 비행에 대한 새로운 감시와 처벌의 체계가 요구되었다. 구체제를 대신하는 새로운 형태의 감시와 처벌은 사회의 지배와 통제에 필수적이었다. 이와 동시에 자본주의 체제 역시 비용을 줄이면서 성과를 증대하는 경제적 착취와 지배의 메커니즘을 발명하고자 했다. 자본주의의 발전을 위해서는 생산성 향상이 필요했고 이러한 강조와 강제는 노동자의 효용성을 최대화하도록 그들과 그들의 신체를 엄격한 기계화된 생산 과정에 통합되도록 만들어야 했다. 이것은 노동자를 착취와 지배의 메커니즘에 훈련되게 해서 순치시키는 것이다.

따라서 경제적 지배의 메커니즘은 하나의 권력 형태로서 개인을 범주화하는 일상생활에 즉각 유순하게 적응시키며 개인을 자신의 개별성에 의해 특징짓고 개인을 자신의 고유한 자기 신분에 밀착시키며 또한 개인이 인정해야 하고 다른 자들이 개인에게 인정시켜야 진리의 법칙을 개인에게 부과한다. 이것은 굴종의 메커니즘이다. 왜냐하면 개인을 규율과 통제와 훈련과 의존에 의해 누군가에게 종속시키는 것이기 때문이다. 그것은 개인이 양심상 또는 자기 인식에 의해서 스스로 자기 신분에 예속되는

---

57) 같은 책, 98쪽.

것이다.58) 이러한 굴종의 메커니즘에 의한 종속화·예속화가 개인이 객체로 주체화되는 과정이다. 물론 그것은 주체이기도 하다. 왜냐하면 그는 통제와 훈련을 스스로 의식하지 않을 수 없기 때문이다.

자본주의 사회가 개인의 효용성과 그 통제를 점차 강조하게 된 것은 근대 물리학과 우주론의 정립과 더불어 발전한 "망원경, 렌즈, 광선속 등 중요한 기술"의 개발 덕분이다. "빛과 가시적인 것에 관한 기술"59)이 발전함에 따라 개개인을 대상으로 하는 가시권의 범위와 경계는 급속하게 확장된다. "오랫동안 개인은 그 어떤 것이라도 각별한 기술의 대상은 아니었다. 주목받고 관찰되고 상세하게 이야기되고 매일같이 끊임없는 보고의 대상이 된다는 것은 하나의 특권이었다."60)

그런데 눈으로 볼 수 있는 기술의 발전과 더불어 상호 교차적인 감시 기술, 자신은 비가시적이면서도 보아야 하는 시선의 기술이 자리를 잡게 되고 이것은 다시금 개인을 기술 대상으로 삼을 수 있는 권역을 확대시키고 개개인에 대한 기술을 하나의 통제 수단과 지배 방법으로 발전시킨다.61)

이렇게 시선의 가시성의 역threshold의 확대로 말미암아 인간을 이용하고 복종시키기 위한 기술과 기록과 수단은 섬세해지고 정밀해지며 이와 동시에 인간에 대한 새로운 지식도 획득되고 누적된다. 이를테면 사람은 상품화된 노동, 노동 과정의 교환품, 어떠한 개별적 차이도 없는 균일적 인간으로 파악된다. 말하자면 인간은 누구나 할 것 없이 동질적인 인간으로

---

58) 드레퓌스, 라비노우, 『미셸 푸코: 구조주의와 해석학을 넘어서』(서울: 나남, 1996), 302–303쪽.
59) 푸코, 『감시와 처벌』, 오생근 옮김, (서울: 나남, 1994), 256쪽.
60) 같은 책, 285쪽.
61) 같은 책, 같은 곳.

제조된다.[62] 따라서 훨씬 통제하기가 수월해진다. 왜냐하면 사람을 자신의 가시권으로 가져오는 시선은 개인을 관찰로써 억압하고 구속하는 하나의 권력으로서 차이가 없는 동질성의 세계 안에서 쉽게 가동하고 개개인을 훨씬 쉽게 지배하기 때문이다.[63]

이러한 시선 권력의 원리가 가장 잘 구현되어 있는 감시 체계가 벤담이 설계한 파놉티콘panopticon 즉 원형 감옥이다.[64] 원형 감옥은 중앙 지점에서 그 내부를 전체적으로 한 번에 모두 볼 수 있는 건물이다. 일망 감시 시설로서 원형 감옥은 감시자는 보이지 않으면서 수감자를 일거에 망볼 수 있는 장치이다. 일망원형 감시장치는 수감자는 자신이 관찰되고 있는지를 확인할 수 없지만 항상 끊임없이 감시를 당하고 있다는 확신을 주는 시설이다. 따라서 이 장치는 죄수를 실제로 감시하지 않아도 감시하는 효과를 가져온다. 수감자는 자신을 중앙탑의 감시자가 항상 지켜보고 있다는 확신 즉 자신이 노출되어 보인다는 지속적 의식 상태에 의해서 시선 권력의 효과를 자동적으로 보장한다.

이 때문에 개인은 자신의 행동을 스스로 자기가 감시하게 되는 것이다. 수감자는 보이지 않는 시선이 항상 현존한다는 가능성 때문에 자기 감시를 수행하게 된다. 일망원형 감시장치는 권력을 행사하는 사람과 상관없는 어떤 권력관계를 창출하고 수감자가 스스로 그 권력관계를 유지하는 권력 상황에 포박되도록 만든다. 이것이야말로 권력의 진정한 완성[65]이고 영원한 승리[66]이다. 왜냐하면 이 권력은 현실적으로 행사하지 않아도

---

62) 같은 책, 256쪽.
63) 같은 책, 275-276쪽.
64) 같은 책, 295-302쪽 참조.
65) 같은 책, 297쪽.
66) 같은 책, 299쪽.

행사한 효과를 가져오기 때문이다. 수감자를 가시성의 영역에 예속하는 객체로 구성하는 것은 이러한 시선 권력이다. 그와 동시에 수감자는 그 사실을 아는 인식 주체로서 권력의 강제력을 떠맡고 자발적으로 자기 자신에게 적용한다. 바로 여기서 수감자는 자신을 포함한 모든 사람을 감시하는 시선을 자기 내면에서 생성하는 주체로 구성된다. 그는 만인을 자신의 관찰 대상 아래에 두거나 복종시키는 주체로 출현한다. 개인은 주체로서 제조된다. 수감자는 감시자를 중계하고 반복한다. 수감자가 감시자의 원천이 된다.

그러므로 주체의 탄생은 권력관계를 내면화한 결과이다. 그것은 "권력의 효과"이고 "정신에 작용하는 권력을 정신에 부여하는"[67] 권력의 메커니즘의 결과이다. 권력은 이렇게 진전하며 이러한 진전과 더불어 지식의 확장도 이루어진다. 말하자면 사회의 질서와 통제를 가져오는 지식에 진보와 발전을 가져오며 인간을 한층 생산적이게 만드는 지식을 가능하게 한다. 그리고 이러한 지식의 확장과 그 대상은 권력이 행사되는 모든 표면에서 발견된다. 여기서 우리가 인정해야 할 것은 이렇다.

> 권력은 어떠한 지식을 창출한다는 점이며 권력과 지식은 상호 직접 관여한다는 점이고 또한 어떤 지식의 영역과의 상관 관계가 조성되지 않으면 권력적 관계는 존재하지 않으며 동시에 권력적 관계를 상정하거나 구성하지 않는 지식은 존재하지 않는다는 점이다. 따라서 권력과 지식의 이러한 관계들은 권력의 제도와 관련해서 자유로울 수도 있고 자유롭지 않을 수도 있는 한 사람의 인식 주체를 바탕으로 하여 분석되지 않는다. 그와 반대로 고려해 두어야 할 것은 인식하는

---

67) 같은 책, 304쪽.

주체, 인식 되어야 할 대상, 인식의 양태는 모두가 권력-지식의 기본적인 관계와 그것들의 역사적 변화의 결과들이라는 점이다. 요컨대 권력에 유익한 지식이든 불복종하는 지식이든 간에 하나의 지식을 창출하는 것은 인식 주체의 활동이 아니라 권력-지식의 상관 관계이고 그것을 가로지르고 그것이 조성되고 본래의 인식 양태와 가능한 인식 영역을 규정하는 그 과정과 싸움이다.[68]

인간의 주체성은 권력의 작용에 의해서 끊임없이 만들어지고 있다. 사람들이 말하고 있는 인간 그리고 사람들이 해방시키도록 노력하고 있는 인간은 이미 그 자체로 인간보다 훨씬 깊은 곳에서 행해지는 복종의 성과이다.[69] 인식하는 주체는 개인에 대한 지배와 권력의 테크놀로지의 결과로서 탄생하고 지배를 절대적 권력으로 내면화함으로써 자신을 원형감옥의 위치에 배치한다. 개개인의 자아는 그 자체 내에 자신을 지식의 대상으로 구성하는 권력의 생산 공간이자 파놉티콘 같은 존재로 주체화된다. 수감자는 자기 자신을 절대적 시선의 주체로 구성한다. 이러한 주체는 자신은 보이지 않으면서 모든 대상을 총괄하고 지휘하고 지배한다.

그런데 바로 이러한 존재 방식을 선험적 주관성이 취하지 않았던가? 일망감시적 자아는 전지 작가적 관점을 취한다. 즉 신의 관점에 선다. 그는 사람과 사물을 끊임없이 관찰하는 "보편적인 시선"[70]을 독점하고 있다. 선험적 주관성도 마찬가지이다. 자신은 세계를 경험하고 구성하는 의미 부여자 즉 입법자이다. 그러나 자신은 보이지 않는다. 그러나 세계를 가

---

68) 같은 책, 57쪽.
69) 같은 책, 60쪽.
70) 푸코, 『권력과 지식』, 홍성민 옮김, (서울: 나남, 1991), 188쪽.

시성의 영역으로 가져오는 세계의 중앙이요 한계이다. 자신은 세계 속의 어느 한 곳에 위치하지만 신처럼 전지전능하게 모든 것을 본다. 이렇게 그는 지식에 절대 권력을 행사하는 중앙집중적·중앙통제적 자아이다. 근대적 자아를 모든 지식을 구성하고 제어하는 자아로 주체화하고 절대화하는 것은 모든 것을 내다볼 수 있는 보편적인 시선의 권력을 역사적으로 내면화한 오랫동안의 축적의 결과이다.

그러므로 푸코가 보기에, 후설이 "인간 주관성의 역설"[71]이라고 불렀던 것 즉 인간이 세계에 대한 주체요 세계 속에 있는 객체라고 하는 이해할 수 없는 역설은 별 것이 아닌 것이다. "모든 인간은 그 자신 속에 선험적 자아를 지니고 있다"[72]는 비밀은 모든 인간이 파놉티콘적 자아, 보편적인 시선을 독점하는 자아를 가지게 되는 주체 형성 과정으로 해소되는 것이다. 심오한 진리, 진리의 의미, 영원한 본질, 심층적 법칙을 내부에 지니고 있는 자아를 모든 지식의 원천으로, 모든 지식의 가능 조건으로 절대화할 필요가 없다. 푸코는 고고학적 내지는 계보학적 분석으로 자아에게 절대 주권과 권력을 부여하지 않는, 즉 자아와 주체의 경험적 역사적 구성이라고 할 만한 것을 일구어낸 것이다. 푸코는 후설식의 선험적 주체성에 대하여 다음과 같이 평가한다.

> 우리는 선험성과 경험성의 사이의 빈 공간에서 철학이 다시 한 번 깊은 짐에 빠져 있음을 발견한다. […] 사고를 그와 같이 깊은 잠에서 깨어나게 하기 위해서는, 또한 사고로 하여금 그것의 근원적인 가능성

---

71) 후설, 『유럽학문의 위기와 선험적 현상학』(서울: 한길사, 1997), 303쪽.
72) 같은 책, 314쪽.

을 상기할 수 있도록 하기 위해서는 인간학적 〈사변형〉[73]을 그 기초로부터 파괴할 도리밖에 없다. 왜냐하면 사고는 이 잠이 너무도 깊은 까닭에 이 잠을 오히려 깨어 있음으로써 체험하며 그럼으로써 사고는 오직 자기의 내부에서 하나의 기초를 발견하기 위해 몸부림치는 독단론의 악순환을 근본적인 철학적 사유만이 지닐 수 있는 부지런함 내지 깊은 고뇌라도 되는 양 착각하고 있기 때문이다.[74]

근대적 주체성에 대한 고고학적·계보학적 해체가 성공했다면 그것은 주체의 사망을 의미할 것이다.[75] 그러나 푸코는 인간의 죽음이 사고의 종말이 아니라 새로운 사고의 기회이자 가능성으로 생각한다. "오늘날의 우리는 단지 인간의 소멸이 남긴 빈 공간 속에서만 사고할 수 있을 뿐이다. 이 빈 공간은 어떤 결핍을 의미하는 것도 아니요 반드시 채워져야 할 하나의 공백을 의미하는 것도 아니다. 그것은 사고의 체계를 가능하게 하는 공간의 개방, 그 이상도 그 이하도 아니다."[76] 절대화된 자아가 궁극적으로 개인에 대한 권력 테크놀로지가 개인에게 내면화되고 영속화됨으로써 형성된 산물로 밝혀진다면 개인은 더 이상 선험적 주체로서 의미의 원천, 지식의 토대일 수 없다. 또한 우리는 더 이상 "인식의 객체인 동시에 주체라는 양의적인 위치"[77]에 있어서도 안 된다. 우리는 인간을 그렇게 구성한

---

73) 푸코, 『말과 사물』 제9장 인간과 그 분신에 나오는 유명한 네 가지 분석을 말한다. 유한성에 대한 분석, 선험적-경험적 이중성에 대한 분석, 사고되지 않은 것에 대한 분석, 기원에 대한 분석이 그것이다.

74) 푸코, 『말과 사물: 인문과학의 고고학』, 이광래 옮김, (서울: 민음사, 1987), 300쪽.

75) 푸코는 "근대적 자아의 계보학은 전통적인 주체 철학을 제거할 수 있는 방법 중의 하나"라고 말했다. 주디스 버틀러, 『윤리적 폭력 비판』, 양효실 옮김 (서울: 인간사랑, 2013), 196쪽 참조.

76) 같은 책, 301쪽.

77) 같은 책, 358쪽.

권력의 관계·기술을 비판하고 저항하는 주체성을 추구해야 하기 때문이다. 우리는 인간을 자기 감시 아래 두고자 하는 근대 이후 수백 년 동안의 권력 통제와 복종 훈련의 사회적 관계와 질서를 어느 지점에선가는 끊어야 한다. 우리는 다른 주체성을 찾아 나설 수밖에 없다.

우리는 푸코의 주체 이론 특히 시선 권력의 도식을 부정적으로 비판하고[78] 보완을 요구할 수 있지만 자제하고 이 글의 목적에 맞게 해방적 실천의 주체성을 구상화하는 데 이바지하는 긍정적 요소만을 평가하고 싶다. 푸코의 주체 이론의 긍정적 면모로는 두 가지를 들 수 있다.

첫째, 개인의 주체성과 정체성이 권력의 지배적 담론과 실천의 사회−정치적 성형물configurations이라는 점을 일깨우는 기억 투쟁의 효과를 가진다. 우리의 자아가 지배 권력의 기술과 테크놀로지에 의해서 주형되고 있다는 사실을 심각하게 알고 있는 사람은 그리 많지 않다. 하물며 우리의 자기 인식이 권력 관계에 의해서 조성되고 있다는 사실을 간파하기란 더욱 어렵다. 지배 권력은 자신과 갈등을 일으키는 지식의 주체를 좋아하지 않기 때문에 입에 재갈을 물리고 침묵으로 자신에게 동조하게 만든다. 현존 권력은 자신에 대한 비판과 변화를 허용하지 않는 속성 때문에 개인의 정치적 정체성이 흐트러지고 균열이 발생하는 것을 싫어한다. 따라서 권력−지식의 상관 관계에 의한 푸코의 주체 형성 이론은 현재 있는 그대로의 우리 자아의 본질과 양태가 개인에 대한 권력의 테크놀로지에 의한 것이라는 각성 효과를 제공한다.

이러한 계몽 효과는 지배 권력과의 갈등과 투쟁 그리고 그에 관한 과거

---

78) 일례로 다음 논문을 참조. Nick Crossley, "The Politics of the Gaze: Between Foucault and Merleau−Ponty", *Human Studies* (1993), vol. 16, pp. 399−419. 또한 알렝 투렌, 『현대성 비판』, 정수복 이기현 옮김, (서울: 문예출판사, 1995), 211−221쪽 참조.

의 지식과 역사에 대한 관심을 유발한다. 그 결과로서 이것은 사람을 효율적 생산성, 유순한 복종, 훈련된 통제 하에 두려는 모든 훈육, 제도, 기구, 기술 이른바 푸코의 "생명 기술 권력", bio-techno-power "생명 권력" bio-power 에 대한 도전과 저항의 동기를 마련해준다.

둘째, 그것은 지배 권력의 헤게모니와 테크놀로지에 대한 의식의 변화를 유도하고 개인의 고착화된 주체성을 반성함으로써 새롭게 혁신하거나 변형할 수 있는 계기를 제공한다. 사람들은 지배 권력이 선전하고 자랑하는 정보와 지식, 규범과 정책, 규제와 행정 기술 등 푸코의 소위 "진리 관리 체제" regimes of truth를 의심의 해석학으로 접근할 수 있게 된다. 이것은 지금의 우리는 누구이고 무엇인가에 대한 물음을 던지게 하고 지금과 달리 살 수 있는 가능성을 찾게 할 것이다.[79] 이것이 선험적 주체성을 "역사적 선험성"[80]으로 밝혀내려한 푸코의 철학 방법론의 공적일 것이다.

4. 탈근대적 근대적 주체성과 그 비판

권력의 헤게모니와 테크놀로지 속에서 새로운 주체성을 구성하고 생산하며 창조하는 주체 이론을 가장 첨예하게 주창한 주자가 알랭 바디우이다. 그는 푸코가 현상학적 구성 주체를 버리고 주체의 범주를 다시 도입한 것에 주목했다. 그렇지만 바디우의 주체의 범주의 부활은 우리가 최근에 접하는 주체의 복귀와는 철저하게 완전히 다른 방식으로 수행된다. 바

---

79) 푸코는 이러한 문제틀에서 만년에 근대의 인식론적 주체성과는 다른 주체성을 고대 그리스 로마 사회에서 발견하려고 했다. 푸코의 새로운 주체화 방식은 비인식적으로 미학적으로 접근하는 전략을 취한다. 그 준거는 근대 사회의 자기 인식 중심의 주체성과는 달리 고대 그리스 로마 사회가 실천한 자기 배려·자기 수양 중심의 윤리적 주체성이다. 이러한 푸코의 자기배려의 실존 미학적 주체성에 대해서는 지면 공간의 제약상 별도의 독립적 연구 주제로 다룰 것을 기약한다.

80) 푸코, 『권력과 지식』, 홍성민 옮김, (서울: 나남, 1991), 290쪽.

디우의 주체 복귀는 "인류 전체의 해방을 위해 노력하는"[81] 근대정신으로 회귀하되 근대와 현대의 존재론적 틀들을 환골탈태하는 방식으로 이루어진다. 이러한 주체는 최소한, "토대를 놓는, 중심에 위치하는 반성적인 주체가 아니다. 즉 데카르트부터 헤겔까지 이어진 논의의 주제였으며 후설과 사르트르에게서도 흔적을 읽을 수 있는 주체가 아니다."[82] 한 마디로 말해서 그것은 진리의 투사를 위한 전투적인 주체이다.

바디우는 최근에 작고한 현대 프랑스 철학자 14명에 대한 헌사로서 출판한 『사유의 윤리』*petit pantheon portatif*에서 철학은 언제나 동일한 하나의 원칙 또는 규범을 붙들고 있는 것이 중요하다고 역설하면서 그 예로 "환영을 물리치고 투쟁을 준비하라"는 모택동의 원칙을 들고 있다. 그리고 상황이 어떻든지 간에 굴복하기보다는 맞서 싸워라는 것이 진정한 철학이라고 설파하고 있다. 현대사회가 철학이라는 이름 아래 우리에게 받아들이라고 요구하는 규범은 "환영을 즐겨라, 항복할 준비를 하라"는 것이고 오늘날 철학은 철학 카페와 같은 철학적인 편의 시설들에 안주하고 있으며 부르주아의 자기 계발을 위한 인문적 교양 정도로 등장하고 있다고 한다. 바디우는 "철학자와 철학이라는 단어들의 이 끊임없는 매춘"에 당당하게 맞서 싸우고 끝장을 내야 한다는 신념을 피력하고 있다.[83] 이러한 해방적 실천을 위한 주체 이론이 무엇인지 살펴보자.[84]

먼저 바디우는 포스트모더니즘의 철학적 이론과 개념과 성향들을 격렬하게 비판한다. 지젝은 바디우 철학의 기본 정신을 다음과 같이 적요하

81) 알랭 바디우, 『존재와 사건』, 조형준 옮김, (서울: 새물결, 2013), 13쪽.
82) 같은 책, 26쪽. 인용문의 자구는 자연스러운 문맥을 위해서 부분적으로 수정했다.
83) 알랭 바디우, 『사유의 윤리: 현대 프랑스 철학에 대한 헌사』, 이은정 옮김, (서울: 길, 2013), 10-11쪽.
84) 바디우의 주체 이론과 관련한 그의 철학 체계의 기본 개요를 이해하기 위해서 다음을 참조. 사회비판과 대안 엮음, 『포스트모던의 테제들』(서울: 사월의 책, 2012), 180-223쪽.

고 있다.

바디우는 진리의 정치로 되돌아갈 것을 열정적으로 주창할 뿐만 아니라 모든 지배적인 "포스트모던" 정치와 철학의 주문들mantras과도 대립한다. […] 중요한 점은 바디우가 "프랑스의" 사상을 "해체주의"로 동일화하는 여전히 지배적인 확인에 대한 필수적인 교정자로서 기능할 뿐만 아니라 우리가 받아들인 모든 분류 방식을 분명하게 벗어나는 사상을 제공한다는 것이다. 그는 절대로 해체주의자도 포스트 마르크스주의자도 아니다. 그는 또 분석철학의 "언어적 전회"에 반대하는 만큼이나 명확히 하이데거에 반대한다. 그가 한나 아렌트에 의해 신봉되던 자유 민주적 "정치철학"에 혐오감을 표하는 것은 말할 것도 없다. 아마 더욱 중요한 점은 의회 자본주의적 질서의 그 근본에 집중하는 대신 현재 상존하는 자본주의를 "도시의 유일한 게임"으로 인정하고 상이한 문화적, 성적, 종교적 그리고 다른 생활 양식을 용인하는 데로 강조점을 옮기는, 그리하여 원한의식ressentiment의 논리를 승인하는 오늘날의 지배적인 형태의 좌파 정치학에 대한 비판적 거부이다. 이 논리는 다시 말하면 오늘날의 "급진적", 다문화주의적 자유 정치학에서는 자기의 주장을 합법화하는 유일한 길이란 자기 자신을 자꾸자꾸 피해자로 내세우는 것뿐이라는 말이다. "차이를 향한 권리"에 초점을 맞추는 정치적으로 올바른 정체성의 정치학에 맞서, 바디우는 어떤 정치적 요구가 특정 집단의 우연적 특수성을 규정하는 실체적 특성에 의해 정당화되는 한 그 어떤 정치적 요구라도 원칙적인 평등의 근본적인 민주적 공리를 위반한다는 것을 강한 어조로 역설한다. 이것은 다시 말해 오늘날 방어되어야 할 권리는 "차이를 향한 권리"가 아니라 정반대로 그리고 어느 때보다도 더욱 강력하게 "동일성을 향한 권리"이어야 한다는 것이다.[85]

이러한 바디우의 철학 정신은 철학적 해체주의를 새로운 유형의 소피스트적 궤변으로 격하하며 대세를 얻어 가고 있는 정치적으로 올바른 다문화주의적 정체성을 승인하는 좌파적인 입장에 대해 예리한 비판을 가능하게 했다. 바디우는 현대 철학의 행렬 즉 분석철학, 현상학, 해석학, 구조주의, 해체주의, 의사소통행위이론의 성좌 속에서 특히 해체주의적 철학의 기본 배경이요 토대가 되는 일련의 선호들 말하자면 동일성에 대한 차이의 우위성, 질서에 대한 역사적 변화의 우위성, 폐쇄성에 대한 개방성의 우위성, 경직된 도식에 대한 생기적인vital 동학의 우위성, 영원성에 대한 유한성의 우위성에 대해 근본적으로 의심한다.[86]

홀워드에 의하면 바디우의 주체 철학은 매우 간단하고 단순한 질문 그러나 극히 본질적이고 근본적인 질문에 몰입해 있다. 그것은 다음과 같이 정식화된다.

완전히 새로운 어떤 것이 어떻게 세계에 탄생하는가? 어떤 종류의 혁신이 충분히 보편적인 긍정을 초래하고 마땅히 누릴 만한가? 그런 혁신의 결과들이 어떻게 세계의 피할 수 없는 무관심과 저항을 직면하고도 유지될 수 있는가? 그리고 이러한 결과들을 긍정하는 사람들은 어떻게 그들의 긍정을 지속해 나가는가?[87]

---

85) Peter Hallward, Badiou: *A Subject to Truth* (Minneapolis: University of Minnesota Press), p. xi.
86) 같은 책, xii쪽.
87) 같은 책, xxi쪽.

여기서 새로운 어떤 것은 진리의 사건을 말하고 진리의 사건은 그 사건을 증언하는 사람이 현상태의 질서와 체제에 비판하고 저항하며 투쟁하고 뛰어넘고자 한다는 점에서 급진적이고 변혁적이며 어느 누구에게도 예외 없이 제공되고 선언된다는 점에서 보편적이다. 또한 진리가 그러한 선언에 의해서 개별자에게 경험되거나 일어나게 된다는 점에서 개별적이고 단독적이고 주체적이다. 그렇지 않으면 진리를 선포하거나 전달할 필요가 없다.

이러한 진리의 "보편적 개별성"[88], 개별적 보편성은 당연히 세상 사람들과 기존 체제 인간들의 무관심과 핍박을 각오하고 대가를 치른다. 그것은 누구에게나 '이것이 진리이다' 라고 선언하고 그래서 항상 현 상태·상황과 거리를 두며 불화할 수밖에 없다. 진리는 그 보편적 개별성 때문에 의견과 지식으로부터 빠져 나와 있다. 그런 진리는 진리를 선언하는 사람이 믿고 확신하지 않으면 지켜질 수 없다. 따라서 진리는 진리에 대한 믿음과 확신 없이는 보편성과 개별성을 구현할 수 없다. 달리 보면 진리의 보편적 개별성은 진리에 대한 충실성을 필수 조건으로 한다. 따라서 진리는 진리를 먼저 긍정한 후 확신의 결단을 경유하여 진리에 대한 충실성 즉 충성에 의해 지탱되고 지속될 것이다.

진리는 진리를 선언하고 증언하는 자 즉 주체를 낳고 주체는 진리 사건 이후에 온다. 주체가 진리나 지식보다 먼저가 아니라 진리가 주체보다 먼저 존재한다.[89] 주체는 후 사건적인 즉 사후적 주체이다. 그들은 진리의 부름에 호응하고 계속해서 충성한다. 진리는 그 진리에 충실한 주체를 통

---

88) 바디우, 『사도 바울: 제국에 맞서는 보편주의 윤리를 찾아서』, 현성환 옮김, (서울: 새물결, 2008), 31쪽.
89) 같은 책, 33쪽.

해서 파악된다. 진리의 부름을 받은 그들은 진리에 충실한 주체들이다. 바디우는 이러한 주체들을 진리의 투사라고 부른다. 이러한 투사 주체들은 진리를 사랑하지 않으면 안 된다. "진리의 주체적 과정은 그러한 진리에 대한 사랑과 동일한 것이다."[90] 이러한 과정이 진리가 개인을 주체로 만들어내는 과정이다. 이러한 주체화 과정에서 개인은 주체로서 자기 자신을 "대의와 동일시하는 경험" 혹은 "대의로의 개종이나 헌신이라는 능동적 경험"[91]을 겪는다. 인간은 오직 자기에게 완전히 새로운 어떤 것으로 출현한 이 진리의 대의를 위해 투쟁하는 한에서만 오롯이 주체일 수 있다. 이러한 진리는 당연히 주체에게 하나의 시험이다. 이러한 시험에 참여하고 어떻든 결과를 도출하는 실천에서 인간은 진정한 주체로 거듭나는 것이다.

바디우적 의미의 주체성은 진리를 사건으로 증언하는 개인이 믿음을 가지고 진리에 충실한 실천을 수행함으로써 세계를 변화시킬 수 있다는 희망을 간직하고 살아가는 것이라고 하겠다. 이것은 어떠한 존재라도 언젠가는 자신에게 일어나는 사건에 의해 변형되고 그 이후로는 만인을 향한 대의를 위해 자신을 헌신할 수 있다는 강력하고도 단순한 이념[92]을 확신하는 것으로 풀이할 수 있다. 바디우가 그런 존재로 예시하는 바울, 파스칼, 칸토르, 레닌 등과 같은 사람은 그럴 것이다. 이들은 자기에게 일어난 사건에 대해 각자 결단을 내리고 사물이 존재하는 기존의 방식과는 원칙적으로 절연하는 모습을 보여주었으며 자신의 진리의보편성을 주체적으로 충실하게 수행했다.

---

90) 같은 책, 177쪽.

91) Peter Hallward, Badiou: *A Subject to Truth* (Minneapolis: University of Minnesota Press), p. x x vi.

92) 바디우, 『사도 바울: 제국에 맞서는 보편주의 윤리를 찾아서』(서울: 새물결, 2008), 129쪽.

그러나 문제는 진리의 사건에 충성했던 이 사람들도 자기에게 진리의 사건이 일어나지 않았다면 보통 사람들과 같았을 것이라는 점이다. "관건은 하나의 일상적인 실존이 시간의 잔혹한 일상과 단절하면서 진리에 봉사할 수 있는 구체적인 기회를 만날 수 있는가? 그리고 그렇게 됨으로써 인간의 동물적인 생존 명령을 넘어 불사의 존재가 될 수 있는가 하는 것이다."[93] 바꾸어 말하면 진리의 사건이 언제 누구에게 어떻게 일어나는가 하는 문제이다. 그것이 우발적으로 우연적으로 발생하는 것이라면 운명에 맡길 수밖에 없다. 그것이 존재의 법칙이고 구조이기 때문이다. 그것은 특정할 수 없고 임의적이고 법칙에 따르지 않는다.[94] 바로 이 지점에서 제기되는 물음은 우리가 그것을 마냥 기다려야 하는가 하는 질문이다. 사람의 노력으로는 그것을 일으킬 수 없는가 하는 문제이다.[95] 과연 사람이 그 일을 할 수 있는 방법과 통로는 없을 것인가? 만일 있다면 바디우의 주체 이론의 한계를 일부 드러내는 것이 될 것이다.

사도 바울은 유대 율법 준수에 어떠한 허물과 흠도 찾아 볼 수 없는 사람이었지만[96] 기존의 법과 절연하는 결단을 내린 것은 예수의 부활 사건이 자기에게 하나의 진리 사건으로 일어났기 때문이다. 이 엄연한 사건은 바디우의 진리 철학, 주체 철학으로 남김 없이 해소될 수 없다. 무신론적 존재론적 사유가 포착할 수 없는 종교적 영역의 진리 사건과 체험이 오늘

---

93) 같은 책, 128쪽.
94) 바디우, 『들뢰즈: 존재의 함성』, 박정태 옮김, (서울: 이학사, 2001), 170쪽; 사회비판과 대안 엮음, 『포스트 모던의 테제들』(서울: 사월의 책, 2012), 201쪽.
95) 진리의 사건을 의도적으로 일으킬 수 있는가 하는 문제에 대해서 바디우는 부정하는 입장인데 반해 들뢰즈 는 긍정하는 입장이다. 이 차이는 두 철학자의 존재론적 사유 체계의 차이에 기인하는 것 같다. 이에 대해서 는 홍태영 외, 『현대정치철학의 모험』(서울: 난장, 2010), 65-66쪽의 각주를 참조.
96) 『성경』, 빌립보서 3:6.

날에도 여전히 분명하게 존재한다. 그리고 그 사건은 바울처럼 당사자를 180° 바꾸어놓는다. 그는 바울처럼 하나님의 진리 즉 예수 그리스도의 복음을 진리 사건으로 수용하고 선언하며 그 진리에 충성하며 목숨을 다해 보급하고 실천한다. 예수 그리스도가 곧 "길이요 진리요 생명이니 나로 말미암지 않고는 아버지께로 올 자가 없느니라. 너희가 나를 알았더면 내 아버지도 알았으리로다."[97] 이 길은 지금도 자신을 내맡기는 자에게 진리로 나타난다.

히브리어 אמת 에메트는 진리를 뜻하는 낱말이다. 히브리어 אמנ 에무나는 신실함, 견고함, 버팀을 뜻하는 단어이다. 에메트와 에무나는 어원이 같다. 즉 히브리적 개념 규정상 진리는 진리와 충실성을 동시에 의미한다. 진리와 믿음은 분리되지 않고 진리는 진리를 믿고 따르는 행동을 수반한다. 진리는 신실성, 진실성, 충실성을 필요로 한다. 진리는 어떤 것에 대한 신실함을 의미한다.[98] 진리는 진리가 사건으로 일어난 자의 충실성을 요구한다.

이러한 히브리적 사유 방식은 진리와 주체의 관계에 대해 바디우와는 다르게 기독교적으로 이해할 수 있는 가능성을 시사한다.[99] 바꾸어 말하면, 진리에 대한 열정과 투쟁 그리고 보편성의 요구가 하나님의 진리에 의해서 가능하다는 뜻이다. 인간은 하나님의 진리 사건과의 조우에서 주체

---

97) 『성경』, 요한복음 14:4-6.
98) 진리와 충실성이 서로를 포함하고 충실성은 진리의 필수적인 부분이라는 히브리적 진리 개념에 대해서 다음 을 참조. "Truth" by Anthony C. Thiselton in Colin Brown ed., *The New International Dictionary of New Testament Theology*, Vol. 3, 1986, pp. 877-880.
99) 푸코의 주체성 접근은 역사적 존재론에 의거하고 바디우의 그것은 수학적 존재론에 의거하며 나의 것은 기 독교적 유신론적 전략이다. 바디우는 『사도 바울』 서문에서 가톨릭과 프로테스탄트, 이들과 솥의 세 발처럼 대립할 수 있기를 바란다고 적었는데, 솥발처럼 대립해 있다는 것은 무언가를 밑에서 서로 마주보며 받쳐주고 있다는 뜻이 되므로 세계의 변혁을 위해 세 세력이 동맹하거나 연합하자는 말이다.

의 생성과 정체성 형성이 얼마든지 가능하다. 누군가에 대한 하나님의 호명이 있으면, 그리고 일단 호명에 응하면 진리는 출현하고 이 진리에 입각해 기존의 세계와 절연하면서 그와 동시에 그 진리를 사랑하게 된다. 세계 내의 존재의 다수성에서 출발하지 않고 초월적 존재를 인정함으로써도 진리 사건은 일어날 수 있다. 기독교는 그 진리를 신의 명명 또는 이름으로 이해한다. 바디우는 바울이 다마스커스로 가는 여정에서 경험한 진리 사건에만 관심이 있었지 그 진리를 신의 것으로 믿었던 바울의 신앙은 공정하게 보지 않았다.

5. 결론: 대안적 주체성의 필요

바디우는 바울을 부활한 그리스도를 만난 진리 사건 이후 그 사건의 보편적 전달자로 계속해서 충실하게 투쟁하는 진리의 투사라고 말한다. 바울은 당대의 상황의 질서와 법칙 예컨대 유대 진리 담론과 그리스 진리 담론과 대결하고 무력화한다. 바울은 자기에게 일어난 진리 사건에 대한 선언과 그에 대한 확신과 충실성을 그러한 이데올로기적 투쟁을 통해서 죽음에 이르기까지 끝까지 지켜낸다. 그는 모든 사람에게 모두가 되어 주기까지 자기를 내어준다.[100] 이러한 바울의 주체화 과정은 바디우의 주체 이론을 가장 잘 보여주는 전범이라고 할 수 있다.

그러나 바디우가 놓친 것이 하나 있다. 그리고 내가 보기에, 그것은 진리의 윤리성을 말하는 바디우에게도 매우 중요한 것이다. 바울에게 진리의 사건에 대한 충실성은 당대 상황의 질서 즉 로마 제국의 보편성과 대결하는 투쟁으로 나타난다. 그것은 로마 제국을 지탱한 사회적 불평등과 노

---

100) 『성경』, 고린도전서 9:22.

예 제도에 대한 하나님의 진리를 선포하는 것이었다.[101] 바울은 이 때문에 자주 감옥에 갇히고 도망가고 시련을 겪고 체형을 받았다. 이러한 주체화 과정에서 바울은 자기를 끊임없이 변화시키고 갱신해 갔다. 이러한 투쟁적 삶의 결실이 성령의 열매 바꾸어 말해서 그리스도인의 미덕이다. 사랑love, 기쁨joy, 화평peace, 인내patience, 자비kindness, 양선goodness, 충성faithfulness, 온유gentleness, 절제self-control가 그것이다. 이것들은 전통적으로 선이라고 말해져왔는데 상당 기간 훈련하고 경험을 쌓아야 얻어지는 것이다. 이것들을 덕 또는 성품이라고 부를 수 있다. 이러한 덕들은 예수 그리스도의 인격을 표현한다. 나는 이러한 진정한 덕들이 바디우의 진리의 윤리에 필요하고 보완되어야 한다고 생각한다.

이 9 가지 덕은 예수 그리스도의 성품상의 강점이라고 할 수 있는데 바울은 이러한 강점을 골고루 연마하여 제2의 천성으로 습득했던 것이다. 이것은 넓은 의미에서 아리스토텔레스가 말하는 에우다이모니아eudaimonia, 아레테arete라고 말하는 것에 해당한다. 고대 로마 사회에서는 비르투스virtus 즉 덕 virtue이라고 말해진다. 이러한 인격적 진정성들은 현대사회에 와서 고색창연한 것이 되었지만 바울에게는 모든 종류의 사람에게 모두가 되어 주는 생활을 형성하는 기술이요 투쟁력의 하나이기도 했다. 이러한 인격성들이 예수처럼 바울도 세상의 고통에 대한 공감과 긍휼, 세상의 악한 통치와 권세에 대한 경건하고 성결한 싸움, 그리고 세상의 평화와 정의를 위한 충실성을 지켜나갈 수 있게 한 영성이었다.

그래서 예수는 마태복음 5장의 산상수훈에서 이러한 영성을 구현하는 8가지 유형의 사람들 즉 마음이 가난한 사람 — 돈보다는 하나님의 삶을 추구하는 데서 오는 기쁨, 자비를 베푸는 사람 — 자신의 소유를 내어

---

101) 『성경』, 갈라디아서 3:28.

주는 양선, 마음이 청결한 사람 ― 순수하고 무구한 마음으로 다가가는 이
웃 사랑, 의를 위해 박해를 받는 사람 ― 사적 이익과 쾌락보다는 공익과
공동선을 위해 자기 절제하는 인내, 온유한 사람 ― 자신의 의지를 내려놓
고 겸허하게 타인을 대하는 온유, 평화를 이루는 사람 ― 어떤 상황에서도
반목과 대립이 없게끔 만드는 조화로운 화평, 의에 주리고 목마른 사람 ―
정의에 열정적으로 복무하는 충성, 애통해 하는 사람 ― 다른 사람의 슬픔
에 공감하면서 애잔한 마음을 표시하는 친절이 축복을 받을 것이라고 선
포했다.

바디우는 바울의 삶과 서신을 『존재와 사건』의 철학적 테제들 말하자
면 진리 사건과 주체 이론과 진리의 보편 윤리의 가능성를 확증하고 재정
립하는 방편으로만 다루었기 때문에 이 점을 정확하게 볼 수 없었던 것 같
다. 예수가 파국의 시간에 "하나님이여, 하나님이여 어찌하여 나를 버리
십니까?"라고 신의 부재를 요청함으로써 파국의 사건을 직면할 수 있었
던 것도[102] 바로 이러한 인격적 힘과 영성에서 나온 것으로 볼 수 있다. 따
라서 돌발적인 진리의 사건이 일어나고 공백이 출현하는 데는 초월적 존
재와의 사귐에서 형성되고 구축된 개인의 내면적 영성과 인격적 품성이
필요하다고 말할 수 있다.

앞서 언급한 9 가지 성품과 8 가지 영성을 배우고 훈련하는 곳이 교회이
다. 교회는 예배, 선교, 구제, 봉사, 교육, 기도 등을 통해서 마음의 혁신
과 인격을 도야한다. 이 때문에 교회 공동체는 사람들에게 자유와 해방과
정의와 평등의 길에 들어서는 첫 관문으로 예수 그리스도를 진리요 길로
서 시인하는 통과 의례를 반드시 거칠 것을 요구하는 것이다. 이렇게 새로

---

102) 김성민, 「사건의 공백과 급진적 분할의 주체」 (『시대와 철학』 25권 2호, 통권 67호, 한국철
학사상연구회, 2014), 65–66쪽.

운 피조물이 되는 것[103]이 세계 변화와 해방과 구원에 참여하기 위한 기독교적 주체화의 출발점이다. 따라서 예수 그리스도의 거룩한 인격과 하나님의 사랑과 은총에 대한 인정과 자백[104]은 오늘날과 같은 자본 제국의 보편성에 맞서는 진리의 투사를 위한 윤리의 다른 한 가지 길이 될 수 있다.

이러한 시각에서 기독교적 주체성 또는 자아 모형은 바디우의 주체화 방식보다 유리한 점이 있다. 바디우의 주체성은 진리 사건이 터지기 전까지는 형성도 생산도 불가능하다. 하지만 기독교적 주체성은 진리 사건으로 인도하는 초월적인 상설 장치를 갖추고 있다. 왜냐하면 교회 공동체가 언제라도 예수를 중계자로 하여 누구에게라도 진리 사건이 출현할 수 있도록 진리의 말을 전달하는 통로 역할을 하기 때문이다. 이러한 차이 때문에 바디우의 주체성은 진리 사건이 발생하기 전까지는 형성도 생산도 되지 않지만 기독교의 주체성은 기존 시스템에 공백을 가져올 수 있는 주체를 형성하고 생산하는 기능을 포함한다고 평가할 수 있다.

기독교의 주체 또는 자아는 사랑으로 정의를 실천하는 주체이다. 여기서 사랑은 정의의 영혼이고 정의는 사랑의 육체이다. 이러한 기독교의 주체를 후설, 푸코, 바디우의 주체성 패러다임을 배경 무대로 삼고 그 비판적 논의에서 드러난 긍정과 부정을 아우르고 지양하는 혁명적 주체성으로 모형화하는 것이 후속 과제라고 볼 수 있다. 이 과제는 기독교의 주체 또는 자아 모형이 현 상황의 질서인 신자유주의 제국의 보편성에 맞서 싸울 수 있는 주체성 형성과 생산을 어떻게 가능하게 할 것인가 하는 문제이

---

103) 『성경』, 고린도후서 5:17.
104) 30세의 나이에 이스라엘의 왕이 되고 40년간 다스렸으며 약 70여 년 동안 하나님을 믿었던 다윗이 하나님이 누구인지를 고백한 것이 시편 146편이다. 그에게 하나님은 창조의 하나님, 진리의 하나님, 자유의 하나님, 해방의 하나님, 정의의 하나님, 은혜의 하나님, 긍휼의 하나님, 치유의 하나님, 평등의 하나님, 사랑의 하나님, 약자의 하나님, 심판의 하나님, 주권의 하나님, 통치의 하나님이다.

기도 하다.[105] 아무튼 기독교의 주체성은 일단 개인의 자기 변화에서 시작한다. 왜냐하면 바디우가 말하는 대로 "우리가 세계를 변화시키려 하는 만큼 우리 자신을 변화시키려 해야 한다"[106]는 점 때문이다.[107]

105) 기독교의 예배가 정치적 주체성을 형성할 수 있는 가능성에 대해서는 다음 논문을 참조. 류의근, 「예배, 정치, 기독시민교육」(『신앙과 학문』 17권 3호, 기독교학문연구회, 2012), 63–84쪽.
106) 알랭 바디우, 『사유의 윤리: 현대 프랑스 철학에 대한 헌사』, 이은정 옮김, (서울: 길, 2013), 122쪽.
107) 이 글은 "주체의 사망과 부활"이라는 제목으로 대한철학회 학술지 『철학연구』(133집, 2015년 2월)에 발표되었다.

참고문헌

『성경』, 표준새번역, 대한성서공회.

김상봉, 『서로주체성의 이념』, 서울: 길, 2007.

달마이어, 『다른 하이데거』, 신충식 옮김, 서울: 문학과 지성사, 2011.

드레피스, 라비노우, 『미셸 푸코: 구조주의와 해석학을 넘어서』, 서우석 옮김, 서울: 나남, 1996.

들뢰즈, 네그리 외, 『비물질노동과 다중』, 서창현 외 옮김, 서울: 갈무리, 2005.

레이먼드 마틴, 존 배러시, 『영혼과 자아의 성장과 몰락』, 마리 오 옮김, 서울: 영림카디널, 2008.

로베르토 웅거, 『주체의 각성』, 이재승 옮김, 서울: 앨피, 2012.

롤런드 로버트슨 외, 『근대성, 탈근대성, 그리고 세계화』, 윤민재 편역, 서울: 사회문화연구소, 2000.

류의근 편, 『현대사회와 철학』, 대구: 형설출판사, 1991.

리오타르, 『포스트모던적 조건』, 이현복 옮김, 서울: 서광사, 1992.

박성우, 『영혼 돌봄의 정치』, 서울: 인간사랑, 2014.

볼프강 벨쉬 , 『우리의 포스트모던적 모던 1, 2』, 박민수 옮김, 서울: 책세상, 2001.

사회비판과 대안 엮음, 『포스트모던의 테제들』, 서울: 사월의 책, 2012.

스탠리 그렌츠 , 『포스트모더니즘의 이해: 포스트모던 시대와 기독교의 복음』, 김운용 옮김, 서울: WPA(예배와 설교 아카데미), 2010.

아도르노, 『부정변증법 강의』, 이순예 옮김, 서울: 세창출판사, 2012.

_____, 『부정변증법』, 홍승용 옮김, 서울: 한실사, 1999.

알랭 바디우, 『들뢰즈: 존재의 함성』, 박정태 옮김, 서울: 이학사, 2001.

_____, 『세기』, 박정태 옮김, 서울: 이학사, 2014.

_____, 『투사를 위한 철학』, 서용순 옮김, 서울: 오월의 봄, 2013.

_____, 『사유의 윤리: 현대 프랑스 철학에 대한 헌사』, 이은정 옮김, 서울: 길, 2013.

_____, 『윤리학』, 이종영 옮김, 서울: 동문선, 2001.

_____, 『조건들』, 이종영 옮김, 서울: 새물결 2006.

_____, 『철학을 위한 선언』, 이종영 옮김, 서울: 백의, 1995.

_____, 『비미학』, 장태순 옮김, 서울: 이학사, 2010.

_____, 『사랑 예찬』, 조재룡 옮김, 서울: 길, 2010.

_____, 『존재와 사건』, 조형준 옮김, 서울: 새물결, 2013.

_____, 『사도 바울: 제국에 맞서는 보편주의 윤리를 찾아서』, 현성환 옮김, 서울: 새물결, 2008.

알랭 바디우, 엘리자베트 루디네스코 ,『라캉, 끝나지 않은 혁명』, 현성환 옮김, 서울: 문학동네, 2013.

알랭 투렌 ,『현대성 비판』, 정수복 이기현 옮김, 서울: 문예출판사, 1995.

앤소니 앨리엇 ,『자아란 무엇인가』, 김정훈 옮김, 서울: 삼인, 2007.

울리히 벡,『위험사회: 새로운 근대(성)를 향하여』, 홍성태 옮김, 서울: 새물결, 1997.

이승훈,『과정으로서의 나: 탈근대주체이론』, 서울: 푸른사상, 2003.

정지우,『분노사회』, 서울: 이경, 2014.

제이슨 바커,『알랭 바디우: 비판적 입문』, 염인수 옮김, 서울: 이후, 2009.

주디스 버틀러,『윤리적 폭력 비판: 자기 자신을 설명하기』, 양효실 옮김, 서울: 인간사랑, 2013.

찰스 테일러,『불안한 현대사회』, 송영배 옮김, 서울: 이학사, 2001.

최종욱 외,『현대의 위기와 새로운 사회운동』, 서울: 문원, 1994.

최태섭,『잉여사회』, 서울: 웅진지식하우스, 2013.

푸코 ,『성의 역사 Ⅱ: 자기에의 배려』, 문경자 신은영 옮김, 서울: 나남, 1990.

_____, 『주체의 해석학』, 심세광 옮김, 서울: 동문선, 2007.

_____, 『감시와 처벌』, 오생근 옮김, 서울: 나남, 1994.

_____, 『말과 사물: 인문과학의 고고학』, 이광래 옮김, 서울: 민음사, 1987.

_____, 『성의 역사 Ⅰ: 앎의 의지』, 이규현 옮김, 서울: 나남, 1990.

_____, 『성의 역사 Ⅲ: 쾌락의 활용』, 이혜숙 이영목 옮김, 서울: 나남, 1990.

_____, 『자기의 테크놀로지』, 이희원 옮김, 서울: 동문선, 1997.

_____, 『권력과 지식』, 홍성민 옮김, 서울: 나남, 1991.

한병철,『피로사회』, 서울: 문학과 지성사, 2012.

한윤형,『청춘을 위한 나라는 없다』, 서울: 어크로스, 2013).

홍성태, 『대한민국 위험사회』, 서울: 당대, 2007.

홍태영 외, 『현대정치철학의 모험』, 서울: 난장, 2010.

후설, 『데카르트적 성찰』, 이종훈 옮김, 서울: 철학과 현실사, 1993.

_____, 『유럽학문의 위기와 선험적 현상학』, 이종훈 옮김, 서울: 한길사, 1997.

김성민, 「사건의 공백과 급진적 분할의 주체」, 『시대와 철학』 25권 2호, 통권 67호, 한국철학사상연구회, 2014.

류의근, 「예배, 정치, 기독시민교육」, 『신앙과 학문』 17권 3호, 기독교학문연구회, 2012.

서용순, 「근대적 정치 이념으로서의 공산주의에 대한 철학적 비판과 전망: 존재와 주체의 문제를 중심 으로」, 『시대와 철학』 22집, 사회와 철학 연구회, 2011.

Anthony C. Thiselton, *Interpreting God and the Postmodern Self*, Grand Rapids: Eerdmans, 1995.

David Carr, *The Paradox of Subjectivity*, New York: Oxford University Press, 1999.

Francois Raffoul, translated by David Pettigrew and Gregory Recco, *Heidegger and the Subject*, New York: Humanity Books, 1999.

Fred Dallmayr, *Twilight of Subjectivity*, Amherst: University of Massachusetts Press, 1981.

Lois McNay, *Foucault*, New York: Continuum, 1994.

Peter Hallward, *Badiou*: A Subject to Truth, Minneapolis: University of Minnesota Press, 2003.

Scott L. Marratto, *The Intercorporeal Self: Merleau-Ponty on Subjectivity*, Albany: State University of New York Press, 2012.

Colin Brown ed., "Truth", *The New International Dictionary of New Testament Theology*, Vol. 3, 1986.

Nick Crossley, "The Politics of the Gaze: Between Foucault and Merleau-Ponty", *Human Studies* (1993), Vol. 18.

제4장

예수의 반제국적 주체성

제4장

예수의 반제국적 주체성

1. 문제 상황

2005년 5월 청와대 경제 회의에서 노무현 전 대통령은 "권력은 시장으로 넘어갔다"고 말했다. 2015년 11월에 개봉된 영화「내부자들」에서 고위 언론인은 "대중들은 개돼지입니다"라고 말했다. 2016년 7월 회식 자리에서 고위 교육 공무원은 "민중들은 개돼지와 같다"고 말했다. 이런 발언들을 떠올리면서 드는 생각은 우리의 사회와 사람들을 지배하는 힘의 원천이 경제와 시장의 논리, 재벌 언론, 그리고 학벌 체제[1]라는 것이다. 이러한 판단은 헬조선, 개한민국이라고 규정되는 현재의 한국 사회의 특징을 대략적으로 상징하는 것이라고 말해도 크게 무리는 없을 것이다. 규범화되어 있는 이러한 사회 질서는 강고한 사회적 삶의 생태계로서 그 안에 거주하는 모든 시민들의 의식과 행동 방식을 지배한다. 앞서 말한 자본 권력, 언론 권력, 교육 권력은 시민을 훈육하고 통제하는 주권 권력이라고

---

1) 학벌 체제를 한국 사회의 지배 구조로 보는 것에 대해서는 다음 책을 참조. 김상봉, 『학벌사회: 사회적 주체성에 대한 철학적 탐구』, (서울: 한길사, 2004) 이 연구는 한국 사회의 지배 계급의 정체성을 학벌 계급, 학력 자본의 관점에서 규명한다.

말할 수 있다. 이러한 주권 권력이 훈육과 통제를 통해서 사람에게 강력한 영향력을 미치고 지배하는 논리와 구조가 될 때 제국 또는 제국주의가 탄생한다. 이러한 지배 논리와 구조가 세계를 통치하게 될 때 세계 제국, 지구 제국[2]이 된다. 이를테면 미국은 신자유주의적 경제 질서와 자본주의적 시장 논리로 전지구를 지배하는 패권 국가라는 의미에서 세계 제국, 지구 제국이라고 일컬을 수 있다.

우리나라도 이러한 세계 제국적 질서와 권력의 지배를 받는다는 점에서 그리고 우리 사회가 국가의 주요 주권 권력의 지배를 받는다는 점에서 제국적 현실을 살고 있다고 분석된다. 국가의 권력이 주권자인 국민으로부터 나온다는 것은 헌법상의 진리이지만 그 실상을 들여다보면 국가 시민들은 국가의 주요 지배 질서와 논리에 거세되어 자동화되어 있다고 보여진다. 이 점에서 우리나라 국민들은 제국적 현실이 주권적으로 지배하는 사회에 거주하고 있는 셈이다. 가령 신자유주의적 경쟁 논리를 자신의 생활 세계의 철칙으로 내면화하고 저항할 수 없는, 저항할 필요도 없는 지배적 질서로 수용하여 순응하는 청년들의 생활방식이 그렇다. N포세대[3]라고 불리는 청년세대가 삶의 포기를 가져오는 연유가 무엇인지에 관심을 가지기 보다는 그 포기를 당연시하고 살아가는 것이 차라리 낫다고 사고하는 방식에서 제국적 현실의 지배에 충실히 길들여져 중독되어 있다는 점을 확인할 수 있다.

청년들에게 "어떻게 삶을 주도할 것인가"[4]라는 화두를 던지고 오로지

---

2) 지구제국에 대한 상세한 논의를 위해서는 다음 책을 참조. 조정환, 『지구제국』, (서울: 갈무리, 2002), 제1부 제국을 참조. 저자는 내가 이 글에서 다룰 주제와 연관되는 제국적 주권과 질서에 저항하는 혁명적 주체성의 관점과 구성이 매우 절실한 문제라고 생각한다.

3) 3포세대는 연애, 결혼, 출산을, 5포세대는 여기에 취업, 주택을, 7포세대는 여기에 친구, 희망을 포기한 세대를 일컫는다. 또 영어를 포기한 영포자, 수학을 포기한 수포자도 있다.

4) 이훈, 『어떻게 삶을 주도할 것인가』, (서울: 모아북스, 2016).

자기의 인생 경영을 위해서만 삶의 의미와 방향을 찾는 자기 경영 계발론의 실상은 그 제국적 현실에 충성을 다해서 살겠다는 의지의 표명 이외에 다른 것이 아닐 것이다. 개인의 자유 의지는 신자유주의 한국사회에서 자기 자신을 기업가적 자아로, 경영가적 자아로 계발하는 의지로 변질되었고 자기 계발하는 주체에 주력하는 것 이외에는 어떠한 다른 주체성의 형성도 허용하지 않는 의지로 고착화되었다.[5] 이것이 신자유주의적 자본주의의 경제 질서와 시장 논리가 개인의 자아를 자발적으로 복종하는 자아로 주체화하는 방식이고 그 귀결점이다.[6]

그렇다면 개인이 자유 의지를 가지고 제국의 현실을 살면 살수록 제국은 강화되고 따라서 개인의 자유는 제국의 강성에 봉사할 뿐이다. 개인의 자유가 많아질수록 제국의 자유는 더욱 많아진다. 마침내 제국은 우리가 사는 삶의 스타일이 되었다. 우리 시민들은 제국적 시민들이고 우리 자아는 제국적 자아이다. 우리는 누구인가? 우리는 제국적 주체들이다.

제국 현실 추수주의라고 특성화할 수 있는 이러한 자동화된 주체화 방식 말고 다른 주체화의 방식을 찾는 것이 시급하다.[7] 세계 제국과 국가 제

---

5) 이 과정의 자세하고 실제적인 분석에 대해서는 다음 책을 참조. 서동진, 『자유의 의지, 자기계발의 의지: 신자유주의 한국사회에서 자기계발하는 주체의 탄생』, (서울: 돌베개, 2009).

6) 이러한 상태에 있기 때문에 오늘날의 청년세대는 헬조선, 즉 지옥 같은 여전히 전근대적인 한국에서 살아도 각자가 노력해서 경쟁력만 갖추면 잘 될 것이라는 능력주의 능률주의 이데올로기에서 벗어나지 못한다. 이들 젊은 세대는 금수저, 은수저, 흙수저를 물고 태어난 팔자론을 한탄만 할 뿐 자신들이 살고 있는 지옥의 체계와 싸우거나 봉기할 생각을 할 줄 모른다. 각성하기는커녕 포기하고 이민을 거론한다. 아마도 그런 생각은 지옥에서 더 참고 살다 보면 정반대 방향으로 바뀔 수 있을 것이다. 물론 변화와 개혁을 위한 투쟁이 아니라 절망과 체념에 더욱 머무를 수도 있다.

7) 이러한 관심과 노력을 무의미하게 보고 반대하는 니콜라스 루만(Niklas Luhmann) 같은 사회학자도 있다. 서도식, 「시스템과 인간」, 『대동철학』 17집, 대동철학회, 2002, 64쪽. 반면, 크리스토퍼 래쉬(Christopher Lasch) 같은 역사학자는 정치, 경제, 문화 등의 사회 시스템을 통제할 수 있는 자율권을 확대하는 것이 필요하다고 보았다. 이찬훈, 「현대사회 구조와 주체성」, 『대동철학』 5집, 대동철학회, 1999, 274쪽. 바디우나 지젝 같은 철학자는 이러한 현대인의 주체적 책임 의식과 윤리를 필사적으로 강조한다. 김용규, 「주체로의 복귀와 새로운 윤리의 가능

국의 현실이 긴박하게 돌아가면 갈수록 이에 대응하는 새로운 주체성을 구축하는 일이 절실하다. 세계 제국과 국가 제국의 지배와 통제가 세련되게 교활하게 실현되는 만큼 신자유주의적 자아 지배 이데올로기를 비판하고 저항할 수 있는 새로운 주체성의 개발과 형성은 극히 요긴한 과제이다. 제국적 현실에 복종하고 종속하는 예속적인 주체성이 아니라 전지구화된 신자유주의 경제 질서와 시장 논리에 대항할 수 있는 독립적인 정치적 주체의 구성이 긴박한 과제이다. 이것은 제국의 시대를 사는 현대인들에게 던져진 도전장이다. 개인의 자유 의지가 반제국적 주체성으로 전환될 수 있는 자아의 테크놀로지를 구성하는 과업은 제국의 시대에 제국의 물신과 우상을 거역할 수 있는 제국 비판 행위일 것이다.

　이러한 문제의식에서 나는 이 글에서 제국적 현실에 대해 포스트모던적으로 주체성을 구성하는 것이 한계가 있음을 보이고 기독교의 관점에서 예수의 주체성을 제국적 질서와 현실을 비판하고 부정하는 반제국적 저항적 주체성으로 제시하며 결론적으로 이러한 반제국적 주체성을 이 시대가 필요로 하는 대안적 주체성임을 주장하고자 한다. 그리고 예수를 제국의 현실이라는 맥락 속에서 사회적으로 이해하고 해석하려는 방법론적 경향은8) 최근의 연구 동향으로서 그 연구 성과를 제국 비판의 전략과 운동에 필요한 주체성 구성에 이용하고자 함이 이 글의 의도와 배경이기도 하다.

　성: 바디우와 지젝」, 『대동철학』 43집, 대동철학회, 2008, 70-71 ; 80쪽.

8) 대표적인 예를 들면 다음과 같다. 리처드 호슬리, 『예수와 제국』 ; 『바울과 제국』, 존 도미니크 크로산, 『하나님과 제국』, Joerg Rieger, *Christ and Empire*.

2. 포스트모던적 주체성

오늘날 세계는 자본주의적 생산과 소비의 전지구화로 인해 야만적인 제국주의적 지배가 강화되고 이와 함께 전지구적 자본주의 세계 시장을 안정적으로 규제하는 주권 권력 즉 제국을 만들어간다. 제국은 금융, 생산, 분배, 소비의 지구적 네트워크를 기반으로 하기 때문에 이러한 전지구적 네트워크 경제를 지배하는 권력 체제를 요구하기 마련이다.[9] 이러한 상황에서 우리는 전지구적 차원에서 네트워크 경제가 하나의 세계 질서로 자리를 잡은 것은 피할 수 없는 사실이지만 그럼에도 불구하고 자본의 논리와 이익이 일방적으로 관철되는 지구화를 받아들이지 않으려는 대항 현실이 있음을 주목한다.[10] 이것은 전지구적 네트워크 경제를 규율하는 지배 기구들에 맞서는 투쟁에서 가능할 것이다.

포스트모던적 자아는 이러한 투쟁에 적합한 존재인가? 자아와 사회를 포스트모던적으로 조명할 수 있게 됨으로써 자아는 타자에게 사용하는 권력을 정당화하기 위한 도구나 장치로서, 진리는 권력 사용의 합법성을 위장하기 위한 도구로서 구성할 수 있게 되었다. 포스트모더니즘은 자아와 사회를 역사적 사회적 구성물로 환원했고 근대와 같은 개인의 이성을 낙관적으로 신뢰하는 것을 허용하지 않았다. 포스트모더니즘은 자아가 자신의 운명을 통제하고 결정하는 능력을 가지고 있다는 근대정신을 더 이상 믿지 않는다. 그러한 신념은 근거 없는 자신감이며 근대인은 순진무구했다고 비판한다. 포스트모더니즘은 근대인들이 사회의 진보나 보편적 합리성을 철석같이 믿었다는 사실을 들어 그들을 무고죄로 고발했다.

---

9) 성공회대학교 신학연구원 편, 『제국의 신』, (서울: 동연, 2008), 125, 134쪽.

10) 세계무역기구(WTO)에 반대하는 1999년의 시애틀 투쟁, 세계경제포럼(WEF)에 반대하는 2001년의 세계사회포럼(WSF) 등이 그 사례이다.

그렇다고 해서 포스트모던적 자아의 사정은 그 이전보다 더 나아졌는가?

근대의 자아가 능동적 주체성으로 특성화된다면 탈근대의 자아는 상황적 피조성으로 특성화된다고 말할 수 있다. 전자가 인간 이성의 능력, 사회 진보를 위한 정부의 통제와 정책에 대한 낙관적 신뢰감을 특징으로 했다면 후자는 그것들에 대한 불신과 의심과 비관적 절망감을 특징으로 한다. 포스트모던적 자아는 규범에 대한 자신과 안정적 정체감이 없기 때문에 불확실하고 불안전하다. 이들의 일상이 이러하기 때문에 고정점이나 확정점을 제시하기를 꺼려하고 이러한 성향 때문에 현실에 대한 비판과 불만은 쉽게 토설하지만 그에 대한 희망과 대안에 대해서는 실망을 안겨준다.

포스트모던적 자아에게는 무엇이 실재를 구성하는지가 불투명하고 불분명하며 확정짓기를 주저하기 때문에 실재를 구성하는 실체를 규명하기가 매우 어렵다.[11] 그것은 나의 바람일 수도 있고 나의 확신일 수도 있고 자기 보호일 수도 있고 권력 이익의 통제와 조작일 수도 있다. 실재를 구성하는 실체는 애매하고 모호해진다. 대상의 자족성은 증발하고 실재, 언어, 기호 사이의 구별은 흐릿해진다. 실재가 무엇인지, 자아의 동일성은 무엇인지는 명석판명하게 지각될 수 없다. 의미나 진리의 규범과 기준은 사회적으로 구성되는 것이기 때문에 안정적이고 고정된 의미를 담은 본문이나 텍스트는 존재할 수 없다. 따라서 텍스트의 의미는 고정될 수 없다. 규범과 의미는 사회적 역사적 현실이 달라짐에 따라 변화한다.

그리하여 합리적 대화를 통한 협상과 합의의 가능성과 여지는 점점 엷어진다. 이성적 논의는 가장된 권력 관계의 위장이기 때문에 진실하지 않

---

11) 리차드 미들턴·브라이언 왈시, 『포스트모던 시대의 기독교 세계관』, 김기현·신광은 옮김, 서울: 살림, 2007), 60-65쪽.

고 설득과 압력을 가장한 힘의 수사적 표현에 불과하다. 이와 같이 이성적 논의가 소구력을 갖지 못한다면 이익 집단과 압력 단체의 시위가 그 자리를 대신하고 갈등은 격화되며 폭력이 유발될 것이다. 이 모든 것은 포스트모던적 자아가 가져오는 부정적인 사회적 함축이나 귀결이라고 볼 수 있다.

포스트모더니즘의 자아는 궁극적으로 그 자신의 탈진리성·탈규범성·탈도덕성 때문에 사람에게 희망과 화합보다는 분열과 대립을 조장한다. 사정이 이러하기 때문에 포스트모던적 자아는 삶에 긍정적으로 임하기보다는 비난하면서 비관적 절망적으로 바라보는 수동적 나힐리스트 경향이 강하다. 이렇듯 포스트모던적 자아는 사회에 냉소적이고 파괴적인 결과를 부추기고 이렇게 되면 약자에게 용기와 희망을 주기란 어렵다.[12] 아마도 포스트모던적 자아는 모던적 자아의 자기 반성이기는 하지만 허무주의적 요소가 많이 포함되어 있는 성찰이기 때문에 한때 근대적 계몽 이성이 주었던 희망 이상의 희망을 주기란 어렵다. 이것이 포스트모던적 자아가 사회 해방적 현실을 창조하기 어려운 이유이다.[13] 그 모든 근본적인 이유는 자본주의 사회의 냉혹한 현실에 대한 투철한 인식이 견지되지 못하는 데서 기인한다.

---

12) 리차드 미들턴·브라이언 왈시, 같은 책, 71-74쪽.
13) 여기서는 논문의 목적상 탈근대적 주체성에 대해서 부정적으로 평가하였다. 긍정적 평가에 대해서는 다음을 참조. 류의근, 「주체의 사망과 부활」, 『철학연구』 133집, 대한철학회, 2015, 50-58쪽.

3. 예수의 주체성

(1) 제국 사회에 대항하는 주체성

예수의 가르침과 삶을 취급하는 너무나 많은 책들이 있다. 예수 해석의 역사는 2000년을 넘는다.[14] 그러나 예수의 가르침과 삶이 당시의 시대적 현실 말하자면 로마 제국의 식민지 삶을 살고 있는 밑바닥 인생을 향해 있다는 사실을 심각하게 취급하는 해석은 별로 없다. 그러한 해석은 주류에 속하지 않으며 기독교가 강자의 위치를 점하게 되자 더욱 소수파가 되었으며 좋아하지 않는 해석으로 간주되었고 변방으로 밀려났다.

기독교는 가난한 자의 종교가 아니라, 어느 정도 사는 부자의 종교가 되었다. 기독교는 약자의 편보다는 강자의 편에 서는 종교로 인식되었다. "가난한 자", "포로 된 자", "눈 먼 자", "억눌린 자"[15]를 위해 하나님이 자기를 보냈다고 믿는 예수의 정신과 실천은 기독교의 주변부에 자리할 뿐 중앙부를 차지하지 않고 있다. 사회적으로 권리를 박탈당하고 기본권을 충분히 인정받지 못하고 이 시대를 살아가는 사람들에게 기독교는 많은 힘이 되어 주곤 하지만 여전히 지배적 사회 체제와 구조의 희생양이 되는 불의한 현실을 저항하고 구속하는 데는 취약하다. 그들이 기독교를 믿거나 말거나 간에 하나님의 형상을 가진 존엄한 피조물로서 이 시대를 살아가기 위해 구조가 필요하거나 힘을 가지고 싶을 때 기독교는 힘 있는 사람에 기울고 힘 없는 사람에게서 슬그머니 돌아선다. 이들에게 기독교는 그들을 위한 종교라는 생각을 할 수 없을 정도로까지 자리매김 되어 있다.

---

14) 야로슬라프 펠리칸 지음, 『예수의 역사 2000년』, 김승철 옮김, (서울: 동연, 1999). 이 책은 1세기에서 20세기에 이르기까지 예수 해석의 역사를 18개의 예수상으로 유형화해서 기술하고 있다.

15) 누가복음 4:18. 성경을 인용할 때 대한성서공회 편, 『성경전서(표준새번역본 또는 새번역본)』를 사용하고 경우에 따라서는 자구를 현대적 감각에 맞게 수정할 것이다.

기독교는 "예수를 배반한 기독교"16)가 되었다.

지금도 지구촌에서 사회 지배 계층의 박해와 사회 체제의 모순으로 고통을 받고 있는 사람은 지천으로 널려 있다. 사회의 지배 권력과 국가의 공권력은 자기를 보호할 수 없는 아무런 힘이 없는 사람에게 폭력적으로 행사되고 그 폭력 앞에 무력하게 당한다. 그들은 지배 권력의 불의와 폭력을 당해도 이길 수 있는 방도가 없어 언제나 무력감을 느끼고 증오와 원한을 갖게 된다.

로마 제국의 폭력과 전쟁을 목전에서 겪으면서 험난한 세월을 살아온 이스라엘 민족 역시 이러한 사회적 역사적 현실에서 예외일 수 없었다. 그들은 팔레스타인 지역의 조그마한 땅에서 하나님의 형상으로 지어진 존재로서 존엄하게 살아가고 싶었지만 현실은 여의하지 않았던 것이다. 이로부터 누적된 원한과 슬픔과 비통과 분노가 뒤범벅이 되어 있는 상태가 그들의 심리적 외상이다. 당시의 종교적 지배 계층이었던 사두개파와 바리새파 사람들과 달리 그들 서민들은 궁핍했고 무식했고 근근이 생계를 유지했고 재산이 없었다. 예수의 부모는 돈이 없어서 반듯한 헌물을 하지 못하고 가난한 자들의 헌물인 비둘기를 봉헌함으로써 아기 예수의 탄생을 축하했다.17)

나는 아직까지 교회가 전해주는 설교에서, 기독교 계열의 방송국에서 전파를 타고 전국 방방곡곡으로 퍼지는 설교에서 한국 사회의 악한 사회적 현실과 국가의 폭력과 국민의 생존권과 주거권을 침해하고 시민의 인권을 허투루 대하는 정사와 권세 즉 통치자rulers와 권력자authorities18) 이를

---

16) 잭 넬슨 폴마이어, 『예수를 배반한 기독교: 실종된 예수를 되찾는 길』, 한성수 옮김, (서울: 한국기독교연구소, 2012).

17) 누가복음 2:24.

18) 에베소서 6:12; 골로새서 2:15.

테면 정부와 지배 집단의 권력 기구들에 대항해서 싸우라고 선포하는 말씀을 들어본 적이 없다. 나는 목회자가 사회의 지배 세력과 권위 그리고 이를 뒷받침하는 사회 제도와 법이 끊임없이 피해자를 양산한다는 사실을 깨닫고 피해자의 회복과 치유와 환대를 위해서 이러한 사회 체제와 구조와 싸우라고 용기와 희망을 주는 말씀을 들어본 적이 없다. 오히려 구조와 보호와 방어가 필요한 그들을 무시하고 껴안지 못하고 멸시하는 태도가 대다수이다. 직설적으로 말해서 속내는 나는 그들보다 우위에 있고 낫다는 것이다. 여기에는 공감이 없거니와, 따라서 하물며 민주적 심성과 영성을 기대할 수 있겠는가! 기독교는 가난한 자, 권리를 보호받지 못하고 빼앗긴 자, 재산이 별로 없고 근근이 살아가는 서민들에게 지금 무엇을 말하고 있는가? "예수 믿고 천당 가라"는 것인가?

예수는 그 반대의 말을 했다. 예수는 "나를 믿고 천국 가자"는 것이 아니라 그들에게 필요한 현실 즉 "천국을 지상에서 만들어가자"고 말했다. 이것이 예수의 삶과 실천의 핵심 요체이다. 예수는 그들에게 같이 만들어가자고 제안한 천국을 제시했고 지상에서 이루어지도록 기도하고 살았다. 이것이 예수의 길이다. 예수가 말하는 천국 즉 하나님의 나라kingdom of God 다시 말해서 하나님의 지배와 통치는 무엇인가? 천국 티켓을 가졌다고 확신하는 사람은 바로 자기 옆에 있는 고통을 외면할 권리가 있다고 누가 말해줬는가?

일본 제국의 식민지 생활을 하던 한민족에게 필요한 현실은 무엇인가? 그것은 해방이고 광복이며 독립이다. 마찬가지로, 로마 제국의 식민지 생활을 하던 이스라엘 민족에게 필요한 현실은 무엇인가? 대답은 동일하다. 로마 제국의 통치 하에 살았던 유대민족에게 무엇이 절실했겠는가? 예수인들 달리 생각하지 않았을 것이다. 그도 유대인이고 보통의 유대인들과 다르지 않게 살았고 예외 없이 가난한 자이기 때문이다. 그러니 예수를 포함한 모든 유대인들은 하나님이 다시 오면, 하나님이 우리와 함께 다시 하면 원래가 하나님이 선택한 선민이었던 우리의 인생은 완전히 다시 한 번 바뀌어 옛날의 영광을 회복할 것이라는 소망으로 살아갔을 것이다. 다른 한 편, 그 날이 올 때까지 슬픔과 절망은 그들의 삶을 지배하는 우울한 정서였을 것이다.

이러한 정서에 저항할 수 없는 예속적 주체로서 살아가는 거의 대부분의 유대인들과 달리 예수는 당시의 시대적 현실 속에서 다른 태도를 취하고 그들과 다른 길을 걸어갔다. 로마 제국이 통치하는 힘겨운 정치적 사회적 경제적 현실과 환경 속에서 살아가는 것은 동일하지만 삶의 방향은 정반대이다. 즉 예수는 로마의 제국적 현실에 대하여 종속적이며 예속적인 삶을 거부했던 것이다. 예수라고 해서 당시의 율법 중심의 종교 생활에서 자유로운 것은 아니었을 터이고 보통의 유대인들이 지키고 살았던 유대교를 따랐을 것이며 동일한 사회적 종교적 환경에서 배우고 성장했을 것이다. 그는 수많은 유대인들 중의 한 명이지만 동시에 아니었던 것이다.

예수는 그들과 어떻게 달랐는가? 그는 누구도 말할 수 없는 말을 했다. 즉 "하나님의 나라는 너희 안에 있다."[19] 그 당시의 유대 민족은 하나님의 나라가 다윗 시대와 같은 이스라엘의 정치적 영광과 함께 도래하기를 대

---

19) 누가복음 17:21. 새번역본에는 〈안에〉가 〈가운데에〉라고 되어 있으나 나는 성경 구절의 맥락과 의미를 숙고할 때 〈안에〉가 맞다고 생각했다. 새번역본의 각주에는 〈가운데에〉 대신에 〈안에〉로 번역할 수 있다고 적혀 있다. 그 구절의 맥락은 바리새파 사람들이 "하나님의 나라가 언제 오느냐"고 물으니 예수께서 그들에게 대답하기로, "하나님의 나라는 여기에 있다 또는 저기에 있다고 말할 수 없다"고 대구한다. 즉 하나님의 나라는 외부적인 데서가 아니라 내부적인 데서 찾아야 한다는 것으로 이해될 수 있다. 물론 학계에서는 사람과 사람 사이에 즉 공동체 가운데 있다고도 해석한다. 나는 그 정신에서는 안에나 가운데에나 궁극적으로 하나가 되어야 한다고 믿는다. 내부의 변화가 외부에서 가시화되지 않는다면 절반의 성공이라고 본다.

망했다. 그들은 하나님이 이스라엘을 로마로부터 해방시켜줄 메시아를 기대했다. 그런데 예수는 그런 기대와는 정반대의 말을 한 것이다.

예수 출생 시점과 비슷한 시기에 갈릴지 지역의 나사렛에서 멀지 않은 세포리스Sepphoris에서 유다스Judas라는 이름의 혁명가가 로마에 항거해 반란을 일으켰고 로마군이 유다스를 포함한 가담자 약 2000명을 십자가에 처형한 사건이 일어났고 청년 예수 또한 그 사건을 들어서 알고 있었다.[20] 기원 후 1세기를 전후해서 이스라엘 땅에는 헤롯대왕의 유아학살, 로마군의 압제와 만행, 가혹한 세금 징수, 가속화하는 경제적 빈곤, 그리고 메시아 운동의 빈발로 점철되어 있었다. 예수는 그러한 암울한 묵시의 시대에 대망하던 "하나님의 나라는 눈에 보이는 모습으로 오지 않는다"고 말하고 "너희는 따라 나서지도 말고 찾아다니지도 말아라"[21]고 말했다. 확실히 하나님 나라에 대한 예수의 언급은 당대의 메시아 대망의 현실에 찬물을 끼얹는 것과 같은 처사였다.

그렇다면 예수는 왜 당대의 생각과는 다른 말을 했는가? 예수는 당대의 그 처참한 현실에 눈과 귀를 막았고 자기 민족의 분노와 고통에 무관심했으며 자기 민족의 비극과 정서에 아무런 공감과 고뇌도 없었다고 아무도 말할 수 없다. 그러한 존재로서 세계를 구원하겠다고 나선다면 아무도 믿지 않을 것이다. 하나님의 자녀가 시달리고 있는 가혹한 현실에는 일언반구도 하지 않으면서 내가 하나님의 아들이요 그리스도 즉 메시아라고 말한다면 누가 믿겠는가? 예수를 믿는 나라도 더 이상 그를 믿지 않고 떠나겠다. 하지만 예수의 언급은 유대 공동체가 당하는 고난의 현실에 접근하는 타의추종을 불허하는 극히 지혜로운 통찰을 내포하고 있다. 그것은 로

20) 레자 아슬란, 『젤롯』, 민경식 옮김, (서울: 와이즈베리, 2014), 85-87쪽.
21) 누가복음 17:20, 23.

마의 제국적 현실을 살고 있는 유대 공동체에게 내면적 태도의 변화를 촉구하는 전략이다. 그것은 개개인이 내면적 세계의 질서를 전환할 것을 요청하는 지령이다. 예수는 로마를 외부적으로 대응하는 유대 공동체의 자세와 태도를 지적하고 돌아설 것을 명하고 있다. 이것이 예수가 "하나님의 나라는 너희 안에 있다"고 말한 근본 이유이다.

이제 예수의 언급이 어떻게 해서 원수 로마 제국에 대한 유대 공동체의 자세와 태도를 전환해야 한다는 주장으로 풀이될 수 있는지를 해명해보자. 예수의 그 말은 유대 공동체가 로마 제국을 대적할 때 어떤 마음으로 임해야 하는지를 암시한다. 다시 말해서 그 말은 하나님의 자녀가 한 명한 명 원수 로마와 싸울 때 견지해야 하는 마음의 기본자세를 가르친다. 이렇게 이해해 보자.

내가 폭력적이고 사악한 통치자나 권력자와 싸울 때 사사건건 마음의 평정과 자비와 긍휼을 견지하지 못한 채 저항하거나 투쟁한다고 하면 어떻게 되겠는가? 이길 때도 있겠지만 자기 스스로에게는 패배한 것이다. 왜냐하면 자기 자신을 지키지 못하고 이겼기 때문이다. 정치적 경제적 사회적 등등의 삶을 통치하고 지배하는 정사와 권세에 대한 태도는 최우선적으로 자신과의 싸움이라는 점에서 자기 자신을 흩트리지 않고 지키는 일로부터 시작한다. 이 일에 실패하면 자신이 전투를 개시할 수 있는 거점과 진지는 날아간다. 진지 구축이 불안전하면 전투의 결과는 위태로울 수밖에 없다. 예수는 너희들이 로마에 대항하려면 이 전선부터 최초로 내면에서 구축해야 한다는 것이다.

특히 정사와 권세는 자신의 이익과 권력을 유지하기 위해서 다양한 가면으로 위장하고 견강부회, 교언영색, 감언이설, 선전선동, 거짓, 기만,

술수, 사기, 속임, 갑질 등의 방식으로[22] 갑의 위치에서 피해자와 희생양을 만들어내는 데 아주 능수능란하다. 그들은 자신의 현재의 권력과 지배의 질서를 유지하기 위해서 온갖 거짓과 사술을 다 부리기 때문에 여간해서는 이러한 거짓 전략과 전술에 대항하고 패퇴시킬 수 있는 평화의 마음을 견지하기가 어렵다. 이 때문에 쉽사리 저항과 부정의 정신은 피폐해지고 황폐화되며 관용과 자존감과 존엄성은 이지러진다. 이리하여 저항하고 부정하는 마음은 저절로 무너지고 나중에는 적에 대한 극도의 혐오와 분노와 증오와 미움과 냉소와 경멸만이 남는다. 정사와 권세에 대한 저항이 비극으로 끝나는 결말에 이르게 된다. 이제 극단에 이르면 저항자들은 손에 무기를 드는 즉 무장 봉기하거나 테러를 감행한다. 예수 당시에 빈발했던 메시아 운동에서 젤롯열심당원 내지 사카리단검파의 보복적 투쟁이 여기에 속할 것이다. 이것은 억울한 피해자나 원통한 사람들이 최후로 선택하는 저항 방식이다. 저항이 내적 마음의 외적 행동이라면 그러한 저항은 달리 해석하면 압제자에 대한 무능과 무력감의 표출이라고 규정될 수 있다. 예수는 유대 공동체가 로마 제국에 저항해서 원하는 결과를 얻고자 한다면 분노로 치솟는 열정이 아니라 우리의 형편과 처지가 오갈 데 없는 위치에 처해 있다는 냉철한 현실 인식에서 오는 낮아진 겸손과 평화의 마음을 내면에 갖추고 싸워야 한다는 것을 완곡하게 표현하기 위해 문제의 그 말을 던진 것이다.

로마 제국의 압제와 만행에 치를 떨고 분노를 폭발하게 되면 그들의 입맛대로 되는 것이며 조종당하기 마련이다. 예수는 너희들의 운명을 그들

---

22) 성경은 이러한 삿된 일들을 일컬어서 악마적, 사탄적이라고 표현한다. 요한복음 8:44. "너희는 너희 아비인 악마에게서 났으며, 또 그 아비의 욕망대로 하려고 한다. … 그는 거짓말쟁이이며 거짓의 아비이다."

이 마음대로 결정하지 않도록 하기 위해 "하나님의 나라가 너희 안에 있다"는 것을 너희들은 믿어야 한다고 가르치고 있다. 하나님의 나라가 너희 안에 있으면 하나님의 나라는 온다는 것이다. 더 구체적으로 말하면 로마 제국에 대한 적대감에 대해서 자신의 마음의 평형의 등급을 높높이 유지하면 할수록 하나님의 나라는 온다는 것이다. 하나님의 나라가 너희 안에 있도록 하면 하나님의 나라는 너희 가운데 있게 된다. 사실 정확히 말하면 그런 내적 마음을 유지한다고 해서 곧바로 하나님의 나라가 이 땅에 실현된다는 것을 뜻하는 것은 아닐 것이다. 하나님의 나라는 그런 마음에서 출발하지 않으면 너희들은 아예 시작조차할 수 없다는 뜻이라고 풀이하는 것이 원만할 것이다. 역으로 말하면 하나님의 나라를 기대하고 이루고 싶으면 로마 제국의 현실에 대한 너희의 마음부터 제어하라는 충고이다. 또 동시에 그것이 바로 너희 안에 있는 하나님 나라이기도 하다는 뜻이다.

따라서 문제의 그 말은 이중적 의미를 지닌 역설적인 말이다. 한 편으로는 이 땅에 하나님의 나라를 보고 싶으면 너희의 마음을 하나님의 지배나 통치가 있도록 그 자세부터 고치라는 것이고 다른 한 편으로는 그로부터 이 땅의 구원은 시작되고 이 땅에 하나님의 나라를 임하게 할 수 있을 것이라는 것이다. 이제야 비로소 "하나님의 나라는 너희 안에 있다"는 예수의 말은 로마제국의 압제와 고통으로부터 유대 공동체의 개개인을 구속하고 해방하는 구원의 말씀, 진리의 말씀으로 계시된다. 다만 이것은 이스라엘 민족의 구원과 해방의 시작arche에 불과하다. 이러한 예수의 말과 논리는 여기서 제국의 현실에 반하는 주체성을 육성하고 유대 민족의 주체성을 새롭게 갱신하는 자유의 말씀으로 나타난다.

또한 동시에 여기서 "원수를 사랑하라"는 예수의 말의 진의도 확연해진다. 로마는 유대 공동체의 적이다. 그런데 그 원수를 사랑하라고 예수는 말한다. 이게 무슨 말인가? 적군을 사랑하면 나는 어떻게 되는가? 나의 목숨을 그에게 내어주는 것이 아닌가? 사회의 변방에서 올바르게 대우도 받지 못하며 사는 많은 사람들, 강자와 지배자의 억압에 눌려 있는 사람들더러 원수를 사랑하라고 말한다면 어떻게 되는가? 그 누구도 이 말을 따를 수 없다. 하지만 역설적이게도 그 말을 따르는 것이 을의 위치에 있는 사람들이 강자와 힘센 자를 결박하고 우위를 점하며 생존뿐만 아니라 인간의 존엄함을 유지하고 보여줄 수 있는 가장 간단명료한 삶의 원리요 기술이요 지혜다. 그들을 지배하는 두려움과 열패감과 무력감을 일거에 떨쳐버릴 수 있는 신비의 말이다. 이것이 예수의 말씀이 구원의 말씀이 되는 이유이다. 그 구원의 말씀은 38년 된 중풍 병자를 단번에 일으켜서 걸어 나가게 하는 바[23], 모든 물리적 신체적 환경과 사회적 변화와 지배적 질서의 전복을 가져올 수 있도록 주체를 세우고 주체성을 구현한다.[24] 지배 받는 주체를 지배하는 주체로 거듭나게 하는 주체성이야말로 진정한 주체성일 것이다. 예수는 자신을 믿는 사람을 이러한 주체성으로 거듭나게 하는 사역을 하나님의 선교로 여겼다.[25] 이것이 하나님이 예수에게 하나님의 영과 기름을 부으셔서 가난한 자에게 전해주도록 한 기쁜 소식gospel이다.[26]

　예수는 원수를 사랑해야 하나님의 자녀가 될 것이라고[27] 말했다. 또 예

23) 요한복음 5:1-18.
24) 김근주, 「성전과 성문」, 2쪽, 부산교회개혁연대·느헤미야 기독연구원 공동 주최 신학 캠프 자료집, 『느헤미야 신학캠프 2016 부산』 자료집(2016. 6. 25).
25) 요한복음 3:1-21.
26) 누가복음 4:18.
27) 마태복음 5:44-45.

수는 하나님 아버지는 악한 사람에게나 선한 사람에게나 똑같이 해를 떠오르게 하고 의로운 사람에게나 불의한 사람에게 똑같이 비를 내려준다고[28] 말했다. 이러한 주장에 따르면 유대 공동체를 처참하게 유린했던 로마인까지도 사랑해야 한다. 왜냐하면 그것이 하나님의 마음이기 때문이다. 선인과 악인을 구별하지 않고 같은 빛, 같은 비를 내려주는 하나님에게 유대인이나 로마인은 구별되지 않는다. 유대인 입장에서는 로마인은 원수로 여겨지겠지만 예수나 하나님에게는 모두 자신의 피조물로 자기 자식이다. 하나님을 아버지로 고백하는 그리스도인도 똑같이 모든 인간을 신의 자녀로 보고 구별해서는 안 된다. 왜 이러한 하나님의 마음을 지녀야 하는가? 앞서도 말했지만 이러한 마음이 주인과 노예, 지배자와 피지배자, 사용자와 노동자, 정규직과 비정규직, 부자와 빈자, 강자와 약자, 남자와 여자 등등의 관계에서 강자는 약자에게 평화를, 약자는 강자에게 평화를 만들 수 있는 원리이기 때문이다. 이러한 마음이 없이는 양측의 대립과 반목은 자칫 파행으로, 비극으로 끝날 수 있다. 모든 사람이 동일하게 신의 자식이라면 예수 그리스도는 인류를 사랑하라고 자신을 세상에 보낸 아버지의 명령을 따랐던 착한 자식이었고 우리는 아버지의 명령을 무시하고 제멋대로 살고 있는 나쁜 자식인 셈이다.[29]

따라서 우리는 예수가 가진 하나님의 마음을 배우고 체득하기 위해 예수를 사사해야 한다. 예수는 우리에게 나한테 와서 배우라고 말한다. "왜냐하면 나는 마음이 온유하고 겸손하기 때문이다. 그리하면 너희는 마음에 쉼을 얻을 것이다. 왜냐하면 내 멍에는 편하고 내 짐은 가볍기 때문이

---

28) 마태복음 5:45.
29) 강신주, 『철학이 필요한 시간』, (서울: 사계절, 2011), 283쪽.

다."[30] 로마 제국 지배 하의 유대인들은 종교적 율법의 준수와 제국적 현실의 고통을 피할 수 없었다. 이 수고하고 무거운 짐을 진 사람들에게 예수는 마음의 쉼을 주고자 자신의 온유하고 겸손한 마음을 배우라고 가르친다. 당대의 제국적 현실을 직면하고 대응하는 방법에서 예수는 다른 유대인들과 근본적으로 다르게 가장 기초적인 토대가 되는 한 가지 때문에 메시아일 수 있었다. 그것은 바로 온유하고 겸손한 마음이었다. 유대 공동체를 짓누르고 있었던 수고하고 무거운 짐은 그 짐을 지고 있는 유대인들에게 예수의 온유하고 겸손한 마음을 맛보게 함으로써 구조될 수 있었다.

예수에게 얹힌 멍에, 예수가 짊어진 짐이 어째서 편하고 가벼웠을까? 로마는 항상 도처에서 유대인들의 삶을 옥죄고 있었고 대제사장 계급들은 백성을 배신하고 로마의 편을 들었고 서민과 소작농들의 경제적 사정은 악화되었다. 이러한 정치적 종교적 사회적 불만이 팽배한 탓에 유대 공동체는 천근만근의 스트레스와 심신 장애로 마음이 편할 수 없었다. 그런데 그 출구가 예수의 온유하고 겸손한 마음에 있다고 와서 배우라는 것이다. 너희들을 짓누르는 무거운 마음이 쉼을 얻을 수 있는 길이 여기에 있다고 일러주고 있는 것이다. 긴장된 억눌린 마음이 부드러우면서 수용적이며 온화한 마음에 풀려지는 것은 충분히 납득할 수 있는 일이다. 예수가 가난한 자, 고아와 과부, 버려진 자, 눈먼 자, 갇힌 자, 소외된 자, 약자, 낮은 자를 낮아질 대로 낮아진 겸손의 수준에서 가슴에 품을 수 있었던 것은 하나님의 힘에 의해 통제된 부드러움, 하나님의 통치에 의해 다스려진 덕성을 넉넉하게 소유하고 있었기 때문이다.[31] 예수가 얹는 멍에와 주는

---

30) 마태복음 11:29-30.

31) 류의근·윤상진, 『도여서: 예수의 도를 위한 서신』, (서울: 기독교문서선교회, 2005), 188-

짐이 편하고 가벼운 것은 이 때문이다. 다만 그런 겸손과 온유가 하나님에 의해 통제된 어떤 힘에 의해 심어지는 성품으로 체현된 한에서이다. 그런 정도가 최적에 이르게 되면 자신을 목숨을 내놓는 십자가의 멍에와 짐까지도 평안하게 감당할 수 있다.

예수의 이러한 성품, 미덕은 하나님과의 깊은 교제와 관계에서 오는 도덕적 영성으로 볼 수 있다. 이 도덕적 영성이 예수로 하여금 당시의 유대 공동체를 둘러싸고 있는 사회적 현실과 환경에 대응하는 방법에서 억눌려 있었던 유대인들을 그들의 저항 방식의 고단함으로부터 구원해주는 예수의 주체성의 특이성이다. 누구라도 이러한 주체성을 제대로 살펴보고 배우기만 한다면 사회 체제의 저항과 반역에서 오는 마음의 짐을 덜고 쉼을 얻을 수 있다. 그리하여 재충전을 통해서 얼마든지 투쟁을 계속할 수 있다.

예수가 로마 제국의 현실에서 자신의 사역과 실천을 계속하고 마침내 인류를 위해 십자가에 못 박힘으로써 자신의 생명까지 내어주는 사랑을 실천할 수 있었던 것은 이러한 도덕적 영성에서 주어지는 에너지가 결정적 역할을 한다. 이렇게 생명마저 아낌없이 내어주는 사랑에 자아가 사라지는 것은 물론이다. 그래서 바울은 "이제 살고 있는 것은 내가 아니다. 그리스도가 내 안에서 살고 있다"[32]고 말했다. 자아가 그리스도와 함께 십자가에 못 박혔기 때문에 자아는 아주 사라져버렸음을 깨닫고 이 진리를 매일 지키는 새로운 주체성으로 실존할 수 있다면 자기 부인이 항상 가능하고 따라서 영원한 투쟁이 지속적으로 가능하다.

190쪽.
32) 갈라디아서 2:20.

이러한 예수의 주체성에 담겨 있는 도덕적 통찰[33]은 원수를 사랑할 수 있는 마음이 없이는 세상의 정사와 권세와 싸울 수 있는 용기와 담대함과 공력은 생기지 않을 것이라는 점이다. 예수는 자신을 따르고자 하는 사람들에게 원수를 사랑하는 마음이 없이 싸우면 세상의 불의에 질 것이라는 것을 우회적으로 일러주고 있다. 유대인은 로마인을 사랑해야 한다. 로마인도 유대인을 사랑해야 한다. 그러나 로마인은 그렇게 하지 않는다. 따라서 예수는 유대 공동체를 식민지로 지배했던 로마인을 질타하고 있는 셈이다. 폭력과 압제를 자행하는 정사와 권세에 도전하고 저항할 수 있는 용기와 권위는 원수를 사랑하는 하나님의 마음이라는 도덕적 우월성을 추구함으로써 주어진다. 이것이 하나님을 아버지라고 고백하면서 원수를 사랑하라는 예수의 말씀의 근본 의도이다.

예수의 명령은 하나님의 가치 말하자면 정의, 사랑, 평등, 생명 등을 이 땅에 이루고자 세상의 모든 악과 싸우는 하나님의 역설적 전략과 전술이요 원대한 포부이자 비전이다. 예수는 이러한 주체성을 자신을 그리스도라고 믿는 그리스도인에게 주고 싶고 이루기를 바라는 것이다. 사실, 우리는 누구든지 세상의 불의한 현실을 대적하기 위해 그 악인과 악행을 원수를 사랑하는 자세로 대하지 않고서는 이길 수가 없다. 예수의 길과 삶은 이것이야말로 승리의 유일한 토대이고 방법이라는 것을 보여주었다.

죽는 것 이외 다른 방법이 없다는 것을 고백한 자들이 열두 사도들이고 순교자들이다. 그리고 그들은 예수의 부활이 그 방법이 정당하다는 것과 예수가 세상을 이겼다는 증거라고 믿는다. 원수를 사랑하는 것이 세상을

---

33) 예수의 도덕적 통찰과 윤리적 비전이 종래의 것과는 근본적으로 달랐고 혁신적이었으며 혁명적이었다는 점에 대해서는 다음을 참조. 프레데릭 르누아르, 『그리스도 철학자』, 김모세·김용석 옮김, (서울: 연암서가, 2009), 제2장 3절 그리스도의 윤리, 84-102쪽.

이기는 것이다. 개인의 도덕적 우월성의 형성과 획득은 예수 그리스도를 깊이 알고 배우고 철저하게 실천하는 데서 가능해진다. 우리가 세상의 정사와 권세에 겁먹고 놀라고 눌리는 것은 우리 자신의 도덕적 인격성과 우월성이 그것을 능가할 수 있는 지점에까지 가지 못했다는 반증이다. 세상의 정사와 권세를 제압할 수 있는 지점에까지 이르는 도덕적 우월성을 보여주는 주체성을 형성하고 기르는 것이야말로 예수 그리스도를 믿는 삶의 존재 가치요 이유이다.

(2) 대안 사회를 만들어가는 주체성

예수가 자신을 따르는 사람들에게 바라는 것은 궁극적으로 이러한 주체성이었다. 예수는 자신을 따르는 사람들에게 이러한 주체성에 대한 내면적 의식을 함양하기 위해서 그 유명한 "씨 뿌리는 사람의 비유"[34]를 가르친다. 여기서 씨는 하나님의 나라를 상징하고 파종하는 자는 예수 자신과 그 후보자들이다. 또 씨는 겨자씨처럼 매우 작은 씨이다. 따라서 땅에 뿌려진 하나님 나라는 극히 작다. 당시의 유대 공동체가 살고 있는 로마 제국 치하의 척박한 현실에서 하나님 나라를 시작하는 것은 그만큼 어렵고 힘든 운동이라는 것을 함축한다. 이것은 맨땅에 머리를 박는 것과 다를 바 없는 행동이다. 그러한 의미에서 그 씨는 고귀하고 성스럽고 존엄하고 거룩한 씨이다. 어쨌든 씨를 유대 땅에 뿌리지 않으면 하나님 나라의 시작은 불가능하다.

뿌려진 씨에 대해서 수용자는 네 가지 반응을 보인다. 첫째, 하나님 나라에 대한 말씀을 듣기는 하지만 아무런 관심도 보이지 않거나 거부한다. 이러한 사람들은 일반 대중들로서 "길가 밭" 사람들이라고 부른다. 둘째,

---

34) 마가복음 4:1-34.

하나님 나라에 대한 말씀을 듣고 기뻐하지만 어려움이나 장애 때문에 참여와 헌신이 오래 가지 못하거나 시들해지는 사람들로서 "자갈 밭" 사람들이라고 부른다. 예수를 믿는 사람들이 대체로 여기에 속한다. 셋째, 하나님 나라에 대한 말씀을 듣기는 하지만 세상의 염려와 돈의 유혹과 다른 욕심 때문에 하나님 나라를 더 이상 추구하지 않는다. 하나님 나라의 말씀을 듣고도 하나님 나라를 키우지 못하는 부자들이 여기에 속한다. 이러한 사람들을 "가시덤불 밭" 사람들이라고 부른다. 넷째, 하나님 나라에 관한 말씀을 듣고 수용해서 삼십 배, 육십 배, 백 배의 열매를 맺는 사람들로서 "옥토 밭" 사람들이라고 부른다.

예수는 예수따르미들이 옥토 밭 사람들이 되기를 바란다. 이들의 경우 세상의 어떤 씨보다도 더 작은 씨는 자라서 관목이 되고 "어떤 풀보다도 더 큰 가지를 뻗어 공중의 새들이 그 그늘에 깃들일 수 있는"[35] 가장 큰 나무가 된다. 따라서 하나님 나라에 관한 씨 뿌리는 사람의 비유는 그 당시의 유대 민족에게 기쁜 소식이다. 이 소식을 복음으로 받아들이는 사람들은 로마 제국과는 다른 제국 즉 하나님 나라에서 살 수 있는 희망을 볼 것이다.

전통적으로 유대 민족은 하나님의 나라를 피난처와 보호처를 제공하는 나무의 이미지에 비유해왔는데, 이를테면 올리브 나무, 무화과 나무, 포도 나무가 그렇다. 하나님이 심고 키운 나무에 비유되는 이 나무들은 이집트 제국의 지배, 앗시리아 제국의 지배, 바빌론 제국의 지배, 페르시아 제국, 그리스 제국의 지배에 저항하고 거부하며 대안 사회를 기다리는 이스라엘 민족의 염원을 표현하는 이미지들이다.

그런데 예수가 씨 뿌리는 사람의 비유에서 이러한 큰 나무을 만들어가

---

35) 마가복음 4:32.

고자 '내가 씨를 뿌리고 있으니 너희들도 깨닫기를 바란다'고 설교하고 있는 것이다. 예수는 하나님 나라를 비유로 말하고 설명하고 있으니 이 말씀이 구원이 되고 안 되고는 듣는 자에게 달려 있을 것이다. 현행 제국의 정치적, 사회적, 경제적 주권을 따를 것인지 역대 제국의 흥망성쇠를 주관하는 하나님의 정치적 주권을 따를 것인지를 묻고 있는 것이다.

따라서 씨 뿌리는 사람의 비유는 로마 제국의 지배를 받고 있는 식민지 유대인들에게 하나님의 주권의 주체가 되어 보지 않겠느냐는 은근하고도 강력한 초대인 것이다. 이것이 예수가 비유로 말씀을 전하고 가르치고 설명함으로써 유대 민족에게 하나님의 정치적 주권의 주체일 수 있도록 각성시키는 교수 방식이다. 예수는 하나님 나라에 대한 말씀을 듣고도 내적 자각이 일어나지 않는 이상 참여하거나 운동할 수 없다는 사실을 예리하게 꿰뚫고 잘 알고 있었던 것이다.

이와 같이 씨 뿌리는 자의 비유는 로마 제국적 현실에 대한 반제국의 맥락과 의도를 숨기고 있으며 로마 제국의 그늘 아래에서 살아가는 속국 이스라엘에게 하나님 나라의 나무를 회복하는 데 동참하라는 말씀이다. 그래서 예수는 "들을 귀가 있는 사람은 들어라"[36]고 교육적으로 훈계한 것이다. 듣고서 각성된 의식을 가질 때 그는 옥토 밭으로 변모되면서 씨 뿌리는 자가 되고 현존 체제status quo 속에서 체념으로 살아가던 무주체성에서 주체적 존재로 태어난다. 이것이 "누구든지 거듭 나지 않으면 하나님 나라를 볼 수 없다"[37]고 예수가 말한 이유이다. 예수는 이 땅에서 살고 있는 현실에 대한 투철한 인식의 기반 위에서 천국을 말하고 있지, 이 한 많은 땅에서 공허한 천국을 누리자고 말하고 있는 것이 아니다. 씨 뿌리는

---

36) 마가복음 4:9.
37) 요한복음 3:3.

자의 비유는 예수 믿고 사후에 가는 천국이나 그런 이야기에 잠시 솔깃하는 사람 이야기가 아니다. 그것은 사회 체제와 지배 권력과 겨루는 정치적 복선이 아주 복잡한 살벌한 이야기이다. 그것은 일자무식의 개돼지 민중이 하나님의 주권의 주체로 변혁할지 말지에 관한 인생이 걸린 이야기이다. 그것은 로마 제국 치하의 가난한 유대 땅을 가난을 근절하고 삼십 배, 육십 배, 백 배의 수확을 가능하게 하는 땅으로 만들어 가는 저항과 투쟁의 이야기이다.

4. 예수의 주체성의 현대적 적용

지금도 신자유주의 제국 권력은 자신을 안전히 지키고 존속하려고 시민들을 자신들의 입맛과 의도에 복속시키는 물신 이데올로기를 개발하고 전파함으로써 그러한 제국 권력에 순응하고 복종하는 주체들을 재생산하고 있다. 신자유주의적 자본주의의 질서가 전지구적으로 세계화되어 가는 현상은 멈출 수 있는 것으로 보이지 않는다. 네그리와 하트는 이미 그러한 질서가 세계를 평정했다고 본다.[38] 물론 이러한 전지구적 세계화가 세계 각국에서 균질적으로 일어나고 있다고는 말할 수 없다. 세계 지역에 일어나고 있는 전지구적 세계화는 비대칭적으로 진행되고 있다는 것이 정확한 관찰일 것이다. 하지만 세계가 이를 피할 수 없고 종주해야 하는 현실인 것은 부인할 수 없는 듯하다.

이러한 거대한 제국의 질서 속에서 개인의 구원적, 해방적, 비판적 역할은 한계가 있을 수밖에 없다. 그럼에도 불구하고 문제는 그 주체가 제국의 주체가 아닌 즉 반제국의 주체 없이 무엇을 할 수 있기란 또한 불가능하다는 점이다. 바로 여기서 자본 세계 제국의 질서에 균열을 내고 변혁을

---

38) 네그리·하트, 『제국』, 윤수종 옮김, (서울: 이학사, 2001), 서문 참조.

수행하는 주체의 필요성이 정당성을 가진다. 이러한 이유에서 예수의 대항적 주체성, 대안적 주체성은 전지구화된 자본주의 제국의 질서와 현실에 대해서 적실성을 가진다. 그것은 세계화된 자본 제국의 땅을 그 땅에서 사는 사람들에게 먹거리와 정의와 평화와 자유를 충분히 누릴 수 있는 땅으로 만들어 가는 것에 관심이 있는 사람들에게 여전히 유효성이 있다.

거대 제국은 자신의 안전과 질서를 위해서 제국의 주체, 제국적 주체, 제국적 시민을 양산하고 있는 실정인데 이에 대항하고 대안을 추구하는 주체와 시민을 육성하지 못한다면 우리는 그 밖의 어디에서도 시작할 수 없을 것이다. 예수의 주체는 세상에 있는 어떤 씨보다도 더 작은 씨 다시 말해서 미미하고 보잘 것 없는 지극히 작은 씨로 시작했다는 사실을 기억해야 한다. 이것이 로마 제국을 무너뜨리는 데 중요한 역할을 감당했다는 것은 역사적 사실이다. 따라서 전지구화된 자본 제국의 질서 한가운데서 먹거리만 던져 주면 잠잠해 지는 서민들을 겨자 씨 같은 작은 주체로 일깨우는 교육을 전개해야 한다. 제국의 지배적 질서를 주체적으로 초월하는 주체성을 육성하는 에토스와 파토스와 로고스를 추구해야 한다. 이것이 자본주의의 전지구적 세계화를 거스르는 정치적 희망을 줄 수 있는 씨앗이다.

세계 각국에서 예수를 믿는 그리스도인에게 이러한 정치적 희망을 줄 수 있는 교육을 실시하고 정치적 주체로서 하나님의 주권의 대행자로 행동하는 자야말로 현대적 예수의 주체이다. 또한 현대적 예수의 주체가 예수의 주체와 다른 점은 후자는 로마의 제국적 질서 속의 개체라는 점이고 전자는 자본의 전지구화, 세계화라는 제국적 질서 속의 개체라는 점이다. 전자의 질서는 후자의 질서와 달리 세계 인구의 국제적 이주와 이동, 북반구와 남반구 국가 간의 경제적 격차의 심화, 매스 미디어의 영향력의 초강화, 국민 국가의 역할 축소와 경계 약화, 그리고 전지구화된 초국가 집단 기구의 권력 강화와 지배력 확대라는 새로운 질서로 특징지어진다는 점이다.

따라서 현대적 예수의 주체는 로마 제국 시대처럼 개인의 영웅적 면모를 중시하는 것과는 달리 세계화, 지구화 시대 속에서 개인보다 집단적 협업, 국제 연대적 대응, 요컨대 세계 자본의 전지구화에 대항하면서도 역이용하는 지혜를 필요로 한다. 이러한 관점에서 현대적 예수의 주체는 반제국의 주체성을 반드시 세계 자본의 전지구화의 맥락 속에서 이해해야 한다. 세계 자본의 전지구화 현상은 개인의 지적 능력을 벗어나는 광범하고 복잡다단한 현실이기에 이를 인식하고 전략을 구상할 때 지적 협업, 집단적 지식 생산 방식으로 임하는 것이 요구된다.

또한 현대적 예수의 주체는 자본 제국의 지구화, 세계화를 누가 수행하고 누구를 또는 무엇을 위해서 퍼뜨리는가에 대해서 반제국의 입장에서 선명하게 파악하고 규명함으로써 대항과 대안의 방향성을 제시해야 한다. 그는 전지구화하는 자본 제국의 질서와 현실에 귀를 기울이고 눈으로 보고 비판적으로 분별함으로써 주체의 역할과 과제를 구체적으로 제시하는 하는 안목도 가져야 한다. 이와 아울러 주체가 이러한 능력을 강화할 수 있는 것을 목표로 하는 교육 과정을 짜야 한다. 우리나라에서 얼마 전에 시행된 인성교육진흥법에 따라 현대 한국 사회의 지배 질서와 구조에는 손대지 않고 모든 사회적 조직적 제도적 죄악을 개인의 책임과 잘못으로 돌리는 인성교육 프로그램이 횡행하기 시작하는데 현대 한국 사회 체제의 구조와 지배 질서에 변화를 가져올 수 있는 반제국적 성품과 덕목을 육성하는 교육 프로젝트를 기획하지 못할 이유가 없다.[39]

---

39) 이에 관한 시사적인 책으로는 다음을 참조. 마크 올슨·존 코드·앤 마리 오닐, 『신자유주의

주지하듯, 우리나라의 정치, 경제, 교육, 보건 등의 분야는 세계 자본의 전지구화, 세계화, 국제화의 물살 속에 이미 편입되었다. 우리나라의 국민과 시민들은 제국적 현실의 삶 속에서 고단함을 느낀 지 오래다. 유아, 아이, 소년, 청년, 장년, 노령, 고령 세대 할 것 없이 이 제국적 질서가 강요하는 삶의 철창에서 벗어나고자 하는 소리 없는 절규들이 사회 구석구석에서 발견된다. 가파르게 진행되고 있는 자본 제국의 세계화의 험한 파도 속에 있지만 허우적대지 않고 그런 삶 속에서 그런 삶을 비판하고 초월할 수 있는 주체성를 나는 메시아적 주체라고 부르고 싶다.

그런 삶과 현실은 인간 조건과 관계를 피폐하게 만들고 일반 사람의 삶의 생태계의 안정과 안전을 흔들고 찢어놓고 짓이기고 파괴하는 주범이다. 나는 이로부터 비롯되는 주체의 절규와 고통에 공감하고 흡수하며 체휼하는 민주적 심성과 도덕적 영성 그리고 정의감에서 사회의 구조적 변혁을 해법으로 찾아가는 주체성을 메시아적 주체성이라고 이름하고 싶다.

제국의 현실에 저항하는 예수의 주체성을 비롯해 이러한 메시아적 주체성을 지구적 자본주의의 세계화를 통해 식민지화 되어 가는 땅으로 수출하고 이주시키는 것이야말로 신자유주의적 자본주의 제국의 질서를 세계화하는 현실에 대항하고 거역하는 거룩한 씨를 뿌리는 일이다. 이것은 인간을 제국적 주체들로 식민화하는 세계 자본의 전지구적 수출에 반대하는 대항적, 대안적 역수출이다. 그러므로 예수의 주체성을 단서로 하여 메시아적 주체성을 가르치고 육성하는 교육 과정을 구성하는 것은 극히 중요하다.

교육정책, 계보와 그 너머』, 김용 옮김, (서울: 학이시습, 2015).

5. 문제 출구

예수와 그 제자들은 지중해와 중동을 제패한 고대의 로마 제국이라는 새로운 세계 질서의 한복판에서 하나님 나라를 선포하고 로마 제국과 다른 대안 사회로서 하나님 제국 즉 하나님의 주권적 지배와 통치를 받는 무리와 공간을 건설해 간 것처럼 현대의 우리도 미국의 패권을 핵과 축으로 하는 신자유주의적 자본주의의 전지구적 확산이라는 전대미문의 새로운 세계 질서를 마주하고 있고 그 속에서 신음하면서 새로운 출구를 찾고 있다.

아마도 이 새로운 세계 질서는 현대의 새로운 로마 제국에 비유될 수도 있을 것이다. 현재 세계사가 경유하고 있는 역사적 상황은 지구 인구가 하나의 통합된 동일한 세계 시장에 살고 있다는 것이다. 이러한 전지구적 자본주의 제국은 정치적 경제적 문화적 군사적 패권을 쥐고 이 세계 질서를 유지·존속·조절하는 데 막대한 영향력을 행사하는 주권적 특권적 지위를 지닌 지배 장치40)로 작용하고 있다. 이러한 현대의 지구 제국적 질서 속에서 대부분의 지구 인구는 하루하루 즉자적으로 살아가고 있고 그런 의미에서 고대 로마 제국의 군사적 폭력과 경제적 착취의 지배 질서 속에서 생존했던 유대 사람들과 본질에 있어서 크게 다르지 않다.

그렇다면 이 전 지구적 자본주의의 제국의 세계 질서에 저항하고 봉기할 수 있는 가능성을 창출하는 것은 이러한 즉자적 상태로부터 깨어나는 일에서 시작한다. 즉자적 존재를 대자적 존재로 바꾸어놓는 일은 주체화일 것이고 우리는 이 주체화 작업을 예수의 주체성에서 보았다.

이 주체화 작업은 현존하는 세계 질서의 지배에 대항하고 새로운 대안

---

40) Daniel F. Silva, *Subjectivity and the Reproduction of Imperial Power*, (New York: Routledge, 2016), pp. 1-2.

사회를 추구하기 위한 제일보이다. 예수의 주체화, 주체성은 바로 이러한 사회 변혁의 과제를 위한 시발점이었다.[41] 실제로 예수는 자기를 따르는 제자들에게 다음과 같이 말했다. "누구든지 이 산을 향해 '번쩍 들려서 바다에 빠져라' 하고 말하고 마음에 의심하지 않고 말한 대로 될 것을 믿으면 그대로 이루어질 것이다."[42] 예수는 자신이 말한 대로 기존의 성전 체제를 들어서 바다에 던져버리는 과업을 수행하다가 십자가에 처형되었고 궁극적으로는 제자들에게 로마의 제국적 질서에 반하는 혁명적 신기원을 이루는 대항·대안 사회의 입구를 열어주었다. 따라서 우리는 신자유주의적 자본주의의 전지구화의 현재적 상황과 형태에 반대하고 극복하기 위한 대항적·대안적 주체성으로서 예수의 주체성을 제시할 수 있다.

필경 우리는 반제국적 주체들이다. 왜냐하면 세계화된 자본주의 제국의 현실을 직시하고 도전하며 새로운 대안적 질서의 씨를 뿌리기 위해서 우리가 믿고 의지할 사람은 우리 말고는 아무도 없기 때문이다. 현재의 상황은 객관적으로 희망이 없는 절망의 상황처럼 보이지만 신자유주의적 자본주의 세계 제국 질서의 지배와 굴종을 넘어서기를 원하는 사람을 멸족하는 것은 불가능하다. 역사적으로 그런 사람은 언제나 존재해 왔었다.

이런 꿈을 이루어가는 사람에게 영국의 사학자 홉스봄은 『미완의 시대』에서 "세상은 저절로 좋아지지 않는다"고 저항의 용기를 주었고 독일

41) 리처드 호슬리, 『예수와 제국』, 김준우 옮김, (서울: 한국기독교연구소, 2004), 177-178쪽.
42) 마가복음 11:23. 여기서 예수가 말하는 "산"은 정확하게 말해서 당시의 유대교의 성전 제도 및 종교 정치적 체제를 가리킨다. 이것들을 새 것으로 교체하는 것이 예수의 유대교 개혁의 핵심 성업이었고 이로써 기독교가 시작되었고 제자들은 해방과 구원을 맛보는 충격적 경험에서 하나님의 나라를 선포하기 시작했다. 이러한 역사적 맥락에서 우리는 시대적 추세에 맞게 이 산을 현존하는 강고한 제국적 지배 질서 체제를 상징하는 것으로 이해할 수 있을 것이다. 이러한 시각에서 십자가의 의미를 혁명의 시작으로 보는 톰 라이트의 신간은 예수 이해의 역사에서 극히 중차대한 이정표를 세우는 저술로 보여진다. N. T. Wright, *The Day the Revolution Began: Reconsidering the Meaning of Jesus's Crucifixion*, (New York: HarperOne, 2016).

의 문학가 바이스는 『저항의 미학 1』에서 "모든 판단과 시도와 결정의 출발점은 우리 자신이어야 해"하고 의지의 상실을 거부했으며 미국의 선주민 호피족은 "우리는 우리가 기다려온 바로 그 사람이다"[43]고 자처했고, 인도의 정치가 간디는 "너 자신이 네가 세상에서 보기를 원했던 변화가 되어라"[44]고 말해 희망의 노력을 설파했다. 슬로베니아의 철학자 지젝은 "역사로부터의 자유는 […] 오직 지지자들의 집단 의지에만 의존할 수 있다"[45]고 역설해 옹골찬 주체적 실천과 투쟁으로 연대하고 단합함으로써 구원의 싹을 피울 것이라고 믿었다. 나는 그 요체 일체를 이렇게 집약하고 싶다. "우리가 메시아 예수다."[46) 47)]

---

43) 슬라보예 지젝, 『새로운 계급투쟁』, 김희상 옮김, (서울: 자음과 모음, 2015), 113쪽.

44) 같은 책, 113쪽.

45) 같은 책, 115쪽.

46) 갈라디아서 2:20; 3:27.

47) 이 글은 "반제국적 주체성: 예수"라는 제목으로 대동철학회 학술지 『대동철학』(80집, 2017년 9월)에 발표되었다.

참고문헌

강신주, 『철학이 필요한 시간』, 서울: 사계절, 2011.

김상봉, 『학벌사회: 사회적 주체성에 대한 철학적 탐구』, 서울: 한길사, 2004.

대한성서공회 편, 『성경전서』(새번역본).

류의근·윤상진, 『도여서: 예수의 도를 위한 서신』, 서울: 기독교문서선교회, 2005.

리처드 호슬리, 『예수와 제국』, 김준우 옮김, 서울: 한국기독교연구소, 2004.

마크 올슨·존 코드·마리 오닐, 『신자유주의 교육정책, 계보와 그 너머』, 김용 옮김, 서울: 학이시습, 2015.

미들턴, 리차드, 브라이언 왈쉬, 『포스트모던 시대의 기독교 세계관』, 김기현, 신광은 옮김, 서울: 살림, 2007.

서동진, 『자유의 의지, 자기계발의 의지: 신자유주의 한국사회에서 자기계발하는 주체의 탄생』, 서울: 돌베개, 2009.

성공회대학교 신학연구원 편, 『제국의 신』, 서울: 동연, 2008.

슬라보예 지젝, 『새로운 계급투쟁』, 김희상 옮김, 서울: 자음과 모음, 2015.

안토니오 네그리, 마이클 하트, 『제국』, 윤수종 옮김, 서울: 이학사 2001.

야로슬라프 펠리칸, 『예수의 역사 2000년』, 김승철 옮김, 서울: 동연, 1999.

이훈, 『어떻게 삶을 주도할 것인가』, 서울: 모아북스, 2016.

잭 넬슨 폴마이어, 『예수를 배반한 기독교: 실종된 예수를 되찾는 길』, 한성수 옮김, 서울: 한국기독교연구소, 2012.

조정환, 『지구제국』, 서울: 갈무리, 2002.

프레데릭 르누아르, 『그리스도 철학자』, 김모세, 김용석 옮김, 서울: 연암서가, 2009.

김근주, 「성전과 성문」, 『느헤미야 신학캠프 2016 부산』자료집(2016. 6. 25) 부산 교회개혁연대 느헤미야 기독연구원 공동 주최 신학 캠프 자료집.

김용규, 「주체로의 복귀와 새로운 윤리의 가능성」, 『대동철학』 43집, 대동철학회, 2008.

류의근, 「주체의 사망과 부활」, 『철학연구』 133집, 대한철학회, 2015.

서도식, 「시스템과 인간」, 『대동철학』 17집, 대동철학회, 2002.

이찬훈, 「현대사회 구조와 주체성」, 『대동철학』 5집, 대동철학회, 1999.

Crossan, John D., *God and Empire*, New York: HarperOne, 2008.

Cupitt, Don, *Jesus and Philosophy*, London: SCM Press, 2009.

Rieger, Joerg, *Christ and Empire*, Minneapolis: Fortress Press, 2007.

Silva, Daniel F., *Subjectivity and the Reproduction of Imperial Power*, New York: Routledge, 2016.

Sung, Jung Mo, *The Subject, Capitalism, and Religion: Horizons of Hope in Complex Societies*, New York: Palgrave Macmillan, 2011.

Dussel, Enrique, "The Bread of the Eucharist Celebration as a Sign of Justice in the Community", *Concilium* 152, no.2, 1982.

지젝의 유물론적 신학 비판

제5장

지젝의 유물론적 신학 비판

1. 예수에 대한 실천적 관심

현재의 국내외의 교회 영역과 기독교 신학 영역을 일별하면 흥미로운 현상을 발견할 수 있다. 그것은 전지구적 자본주의 제국의 압도적 지배 상황에 대한 대응의 일환으로서 사도 시대의 초대 교회와 교부 시대의 교회의 영성과 전통에 대한 관심이 모아지고 있다는 점이다. 소위 후기 세속화의 시대인데도 세계적으로 종교적인 것에 대한 복귀가 점증하는 것은 매우 역설적인 현상으로 볼 수 있지만 인간의 초월적 의미 추구가 인간의 본원적 속성이 아닌가를 짐작하게 한다. 기독교의 전통과 유산에 대한 철학적 관심과 새로운 통찰이 현대사회의 여러 가지 어려운 문제들을 이해하고 해결하는 데 어떠한 기여를 할 것인지는 꾸준히 살펴볼 필요가 있다.

국내의 교회론과 기독론 분야에서 교회와 예수 그리스도를 포스트모던 시대를 맞이하여 새롭게 구성하고 조직화하려는 현상은 깨어 있는 젊은 교회개혁주의자들, 진보적인 복음주의자들 등이 중심이 되어 전개하는바, 대형 교회를 추구하지 않는 작은 교회 운동에서 볼 수 있다. 또한 전통적인 제도 교회를 거부하고 이와는 다른 형태의 교회를 개척하고자 셀

교회, 가정 교회, 선교형 교회missional church 1), 이머징 교회emerging church 2) 등을 세우고 있는 이들도 적지 않다.

해외의 상황을 둘러보면 기독교의 전통적 유산에 대한 철학적 관심을 가지고 자신의 이론적 사유 체계의 일부로서 전유화하는 경향을 발견할 수 있다. 이러한 경향 사례로는 바디우, 아감벤, 이글턴, 지젝 등이 있다. 물론 이들의 기독교 유산에 대한 관심과 검토는 기독교의 정통에 충실하기보다는 현대사회의 제국적 상황에 대한 비판과 돌파구를 찾으려는 영감의 원천으로서 다루어지고 있다. 기독교의 유산이 그들에게 이론적 자원을 공급하는 원천으로 활용되고 있다는 뜻이다. 이러한 방식은 철학과 신학이 만나서 대화하는 좋은 본3)으로 간주될 수 있다. 또한 철학과 신학의 이러한 대화 방식은 국내의 상황과는 차이가 나는 점이기도 하다. 국내의 경우는 한국교회가 성장을 멈추고 정체 내지 쇠퇴기의 기로에 있다는 상황 판단 하에 교회의 존재 방식의 변화와 회원 증식 운동을 위한 교회성장주의적 관점에서 접근하고 있다고 생각된다.

현대사회의 문제와 해결을 위해 고전으로 돌아가서 해법을 창조적으로 모색할 수 있듯이 고대 기독교의 유산을 다시 살펴봄으로써 현재의 처지와 상황에 필요하고 가용할 수 있는 방안을 찾는 것은 방법론적 견지에서 본보기로 삼을 수 있는 괜찮은 발상이라고 평가된다. 그러한 방법론을 택하는 배경은 작금의 이론과 해법들이 교착 상태 또는 한계 지점에 도달

---

1) 선교형 교회는 선교적 교회, 선교 지향 교회, 보냄 받은 교회, 파송 받은 교회, 위임 받은 교회 등으로 번역될 수 있지만 적절한 역어가 없어 임시적 차원에서 이 용어를 사용했다.

2) 이머징 교회는 포스트모던 사회의 현실과 변화에 적합하게 기독교의 진리를 이해하고 해석함으로써 교회의 시대적 타당성과 효용성을 중시하는 현대의 새로운 교회를 일컫는다.

3) 철학과 신학의 대화는 여러 가지 모양으로 이루어질 수 있지만 마르크스주의 철학자 지젝과 가톨릭 신학자 밀뱅크가 주고받았던 논쟁서 『예수는 괴물이다』는 그 탁월한 사례라고 할 수 있다.

했다고 느껴지는 데 있을 수 있다. 이를테면 1989년 11월 베를린 장벽 붕괴 이후로 공산주의 이념은 패배한 진영의 이데올로기로 전락함에 따라 혁명적 이론의 개발과 지속이 어려운 현실에 처한 데서 기인했을 수 있다.

그 사정이야 어쨌든 간에 바디우, 아감벤, 이글턴, 지젝은 모두 마르크스주의 계열의 지식인으로서 세상 변혁에 전념해온 인물들이다. 올해 80세인 바디우를 필두로 모두 70세 이상의 고령이고 지젝만이 1949년생으로 69세이다. 이들은 모두 기독교 유산의 전복적, 혁명적, 개혁적 성격을 재발견하고 세상을 뒤집는 것을 도와주는 이론적 성찰과 실천 전략을 제시하는 것으로 유명하다. 그들의 기독교 해석은 그들만의 특유한 규명과 이해를 통해서 현대사회의 제국적 상황에 대한 투쟁과 비판을 촉진하는 목적에서 전개된다. 이러한 맥락에서 그들은 고대 기독교의 현대적 가치와 의의를 선명히 함으로써 정치적 투쟁을 고취시킨다. 그들의 이해와 주장대로라면 기독교 또는 기독교인은 현대사회의 제국적 상황의 변혁을 추동할 수 있는 주역일 수 있다. 그들은 그러한 시각에서 예수나 바울을 역사의 주역으로 본다.

바디우는 바울을 고대 제국에 맞서는 보편주의 윤리를 실천하는 정치적 투사로서 그리고 있다. 이는 현대 제국에서 진리의 정치를 수행하는 자에게 전범이 될 수 있다. 포스트모던 시대에 진리의 보편성이 사라지고 차이의 정치와 정체성의 정치가 대세라고 믿는 상대주의적 정치 철학에 대한 정반대의 사상을 가진 인물로 바울을 내세운 것이다. 바디우는 보편성의 정치가 가능하고 가능해야 한다는 것을 보여주는 뚜렷한 사례로서 사도 바울의 정치 철학을 논하면서 기독교는 무신론자들과 힘을 합쳐 전지국적 자본주의 제국의 시대에 그 역할을 다해야 한다고 설파한다.[4]

---

4) 알랭 바디우, 『사도 바울: 제국에 맞서는 보편주의 윤리를 찾아서』, 현성환 옮김, (서울: 새물

아감벤은 신약에 나오는 유명한 바울 서신 가운데 하나인 로마서를 강의했다. 그는 로마서의 특정 성구 즉 "지금 이 시기에도 은혜로 택하심을 입은 사람들이 남아 있습니다"롬11:5를 강해하였다. 남아 있는 자는 바울을 비롯한 하나님의 은혜를 입은 자이다. 이 사람들은 소위 구원을 받은 자로서 하나님의 복음을 이 땅에 실현하는 남겨진 자이다. 남겨진 자들은 이 땅의 "거룩한 씨"요 "그루터기"사6:13이다. 이들이 현존하는 지금 이 때는 메시야의 시간이며 바로 그 점에서 이 땅을 구원하는 자이고 그와 동시에 그 구원을 위해서 남겨진 자이며 또 남겨진 시간에 머무는 자이다. 우리 자신이 구원자로서 존재하려면 남겨진 시간이 필요하고 구원이 성취되면 우리는 더 이상 메시아로서 존재하지 않는다. 우리는 남아 있어도 그런 존재로 남아 있다. 남겨진 자로서 바울은 남겨진 시간에 예수를 메시아로 선포함으로써 신자를 확보하고 하나의 신앙을 공유하는 결사 공동체를 세우며 새로운 세상에 관한 결속력을 키우고 이로써 세계에 대한 변혁을 추동하는 자이다.5)

아감벤은 예수를 하나님의 진리를 선포하다가 로마 제국의 법에 의해서 처형당한 자로 규정한다. 로마 제국의 진리를 대변하는 빌라도와 하나님의 진리를 대표하는 예수와의 대결에서 예수는 실정법에 의해 살해되었다. 빌라도는 죽인 자요 예수는 죽임을 당한 자다. 예수는 그 법을 이기지 못하고 당했다는 점에서 실패한 진리를 상징한다. 진리의 정치는 제국의 법과 정치에 패배했다. 성경의 기록에 의하면 예수는 종교 재판 3번, 사법 재판 3번을 받고 죽었다. 따라서 우리는 실정법과 재판의 기능에 대

결, 2008). 그리고 이에 대해 지적도 같은 입장이다.

5) 조르조 아감벤, 『남겨진 시간: 로마인들에게 보내는 편지에 관한 강의』, 강승훈 옮김, (서울: 코나투스, 2008).

해 근본적으로 질문하지 않을 수 없다. 그 판결이 정당한가라고 물었을 때 예수는 종교적 불법과 사법적 불법에 의해 처형되었다.

성경은 하나님의 구원의 진리를 증언하고 전파하는 자는 죽기가 일쑤라고 전언한다. 예수의 죽음과 더불어 지금도 끊임없이 십자가에 못 박혀 죽어가는 사람들이 있다. 그들은 로마 권력자처럼 세상 권력자들에 의해 억울한 재판을 받고 자기 신세를 걱정하며 사53:8 자기 권리를 박탈 당하고 생명까지 빼앗기는 사람들이다. 그들은 인권과 정의를 요구하다가 죽임을 당하는 사람들이다. 예수는 세속 제국의 진리가 아니라 하나님의 구원의 진리를 선포함으로써 구원 받아야 할 세상을 심판한 것이다.[6]

이글턴은 맨 먼저 예수가 혁명가였는가 하고 묻는다. 이글턴은 예수가 살던 시대는 유대인의 민족주의적 열기가 상당했지만 예수는 로마 제국주의에 정면으로 맞서지 않았다고 추론한다. 예수가 십자가형을 당한 것은 예수의 활동이 제국에 위험이 될 정도여서가 아니었다. 로마 당국은 예수를 이스라엘을 해방할 군사적 정치적 지도자로 여기지 않았다. 예수의 공적 삶은 하나님의 율법을 개혁적으로 해석하고 병자를 치유하며 가난한 자, 굶주린 자, 인간 이하의 취급을 받던 사회 주변인들과 함께 어울리며 하나님의 나라를 설파하던 선지자였다.

이러한 과정에서 모세의 율법과 권위에 도전하고 죄용서를 행하며 성전 숭배를 파괴하는 신성모독죄를 범했고 이에 따라 유대교 지도자들과 지배계층은 예수를 고발했으며 사회의 공공질서에 위험이 된다는 이유로 반란죄, 소요죄의 이름을 빙자하여 세속 법정에 이첩되었고 십자가형에 처해졌다.

그러나 이러한 삶의 이면에는 "혁명적 역전"이라고 할 만한 것이 들어

---

6) 조르조 아감벤, 『빌라도와 예수』, 조효원 옮김, (서울: 꾸리에, 2015).

있다. 예수는 하나님이 나라가 도래할 것을 공표했고 회개를 선포했다. 사회에서 쓸모없고 버림받은 사람들이 하나님 나라를 건설하려면 회개부터 해야 한다. 정의로운 사회, 풍요로운 삶, 평화와 연대가 넘치는 삶은 냉혹하고 무자비한 현재의 어두운 상태를 올바르게 인식하고 돌아서는 것이 필수이다. 이 회개 없이는 하나님의 나라 즉 천국은 이 땅에서 불가능하다. 참되게 회개한 자만이 급진적인 행동을 할 수 있다. 따라서 회심은 혁명적 사건이고 혁명적 행위로 연결된다. 예수의 행동이 급진적이었던 것은 바로 이 때문이다. 이제 천국이 시작되었고 현 체제에 대한 하나님의 통치가 도래하며 새로운 세상 즉 종말이 올 것이라고 진실로 믿는다면, 회개한 사람이라면 한쪽 뺨을 맞으면 다른 쪽 뺨을 돌려댈 것이고 원수를 사랑할 것이며 악을 선으로 대하지 악으로 대하지 않을 것이다. 예수의 공생애의 최초 일성이 회개하라는 것과 하나님 나라가 가까이 왔다는 것은 이렇게 이 모든 악한 역사가 끝날 것이라는 종말론적 신앙과 소망과 직결된다.

　예수의 행동이 화를 불러온 것은 이러한 내면적 믿음 때문이다. 예수가 세리와 창녀와 죄인과 어울리는 충격적인 행동을 할 수 있었던 것은 이러한 종말론적 동기와 신앙에서 비롯된다. 하나님의 통치가 가까이 왔다면 이제는 정치 조직 같은 것을 만들 필요가 없으며 일용할 양식만 있으면 족한 것이다. 예수는 당대의 도덕적 윤리적 체계에서 볼 때 도무지 상상할 수 없었던 혁명적 급진적 행동을 했다. 그렇게나 충실히 하나님 아버지를 믿고 따랐는데 십자가에서 죽게 되었을 때 예수는 "나의 하나님, 나의 하나님, 어찌하여 나를 버리셨습니까?"막15:34라고 울부짖지 않을 수 없었다. 이런 의미와 맥락에서 예수는 혁명적 삶을 살았다. 다만 예수는 정의, 평화, 동지애, 충만한 활력에 의해서 기존의 권력 체계가 전복될 수 있었

다고 믿었다는 점에서 레닌이나 트로츠키와 같은 혁명가보다는 못하다.[7]

지젝은 열정적으로 자본주의 사회에 대한 이론적 투쟁에 골몰하는 공산주의자이자 무신론자이다. 그의 예수 이해는 정통 기독교의 것과는 다른 극단의 대척적인 지점에 있다. 그의 해석을 따르면 기독교는 무신론이고 예수는 자신의 십자가 죽음에서 신이 없음을 계시했다. 따라서 기독교인은 신이 없는데 신이 존재한다고 믿고 있으므로 환상fantasy을 실재로 여기고 살아가는 셈이다. 이러한 의미에서 기독교인의 생활은 어처구니없는 삶이다. 그런데 지젝은 예수의 하나님 체험을 공산주의적communist으로 살아가기 위한 유물론자이기 위해서 반드시 경유해야 할 필수 코스로 보고 있다. "진정한 변증법적 유물론자가 되기 위해서는 기독교적 경험을 거쳐야 한다는 것이 나의 주장이다."[8] 바꾸어 말하면 기독교의 경험과 진리를 유물론적 접근을 통해서 이해할 수 있다는 것이다.

이러한 시각에서 지젝은 예수의 십자가 죽음을 모든 사람을 위해 자기 자신을 기꺼이 내어주고 희생한 영웅적 행위로 이해한다. 공산주의의 대의를 위해 희생하는 공산주의자의 삶은 바로 이 자기 희생을 근본 경험으로 해야 한다고 주장한다. 그만큼 예수의 자기희생적 죽음은 공산주의 혁명 활동에 참여하는 모든 이의 기본 신념이고 윤리인 셈이다. 이 점에서 예수의 하나님 체험은 공산주의적 체험이며[9] 예수의 삶과 경험은 현재의

---

7) 예수, 『예수: 가스펠』, 테리 이글턴 서문, 김율희 옮김, (서울: 프레시안북, 2009), 서문 참조.

8) 슬라보이 지젝, 『죽은 신을 위하여: 기독교 비판 및 유물론과 신학의 문제』, 김정아 옮김, (서울: 길, 2007), 11쪽.

9) 만일 공산주의를 소련 사회주의, 현실 사회주의를 연상하지 말고 원초적으로 "현재 상태를 지양해가는 현실의 운동"으로 이해한다면 우리는 저마다 조금씩은 공산주의자이다. 또한 이러한 의미의 공산주의를 수용한다면 예수는 공산주의의 원조이고 원조 빨갱이라고 말할 수 있다. 지젝과 공산주의의 관계에 대해서는 다음 논문을 참조, 최진석, 「슬라보예 지젝과 공산주의의 (불)가능성」, 『마르크스주의연구』, 11권 3호, 경상대학교 사회과학연구원, 2014, 144, 148-149쪽.

제국 상황을 전복할 수 있는 혁명적인 계기를 가지고 있었던 것으로 풀이할 수 있다.

지젝은 십자가상에서 있었던 예수의 하나님 경험이 본질적으로 무엇인지에 대해서 예수가 울부짖었던 외침 즉 "엘리 엘리 라마 사박다니?나의 하나님, 나의 하나님, 어찌하여 나를 버리셨습니까?" 막15:34가 극명하게 보여준다고 확신하고 이 구절을 파헤친다. 지젝의 기독교 신앙의 진리에 대한 해석은 이 구절의 해석에 달려 있다고 해도 과언은 아니다. 지금부터 글쓴이는 이 구절을 지젝이 어떻게 해석하는지를 살펴보고 지젝의 해석을 평가하며 예수의 근본 경험이 지젝이 규정한 것과는 다른 경로에서 이해될 수 있고 이러한 시각에서 지젝의 유물론적 신학에 대한 대안적 가능성을 제시해볼 것이다.

2. 기독교의 속죄 이론

지젝이 십자가에 매달려 처형된 예수의 죽음을 어떻게 해석하는지를 살펴보려면 예수의 죽음에 대한 기독교의 속죄atonement 신학을 간략하게 일별하는 것이 배경적 지식으로 필요하다. 왜냐하면 지젝이 예수의 죽음을 해석하는 방식은 정통 속죄론, 주로 형벌 대속 이론을 비판하는 데서 시작하기 때문이다. 기독교에서 예수의 십자가 죽음을 이해하는 방식은 매우 다양하다. 모두가 나름대로 성경에 근거하고 신학적 이유를 가지고 있다. 어느 한 이론적 모델이 절대적으로 옳다고 말할 수 없는 상태이다. **"어떤 견해도 유일하게 성경적인 견해는 없다."**10) 개개의 이론적 모델은 일리와 무리, 강점과 약점을 내포하고 있기 때문이다.

---

10) 마크 베이커, 조엘 그린, 『십자가와 구원의 문화적 이해』, 최요한 옮김, (서울: 죠이선교회, 2000), 135쪽. 강조 부분은 원문 그대로이다.

그렇지만 예수의 죽음에 대한 기독교의 전통적 표준 이론은 대개 다음과 같이 3가지로 분류된다. 이들 세 가지는 그리스도 승리 이론, 도덕 감화 이론, 형벌 대속 이론이다.[11] 이들 이론은 예수의 죽음이 지닌 구원론적 의미에 대한 기독교 전통의 주요 해석이다. 이들 해석은 예수의 죽음에 관한 여러 성경 구절을 이해하는 방식과 결부되어 있다. 그 구절들은 다음과 같다.

> "그리스도께서 성경대로 우리 죄를 위하여 죽으셨다."고전15:3
>
> "한 사람이 모든 사람을 위하여 죽으셨다."고후5:14
>
> "그분은 모든 사람을 위해서 자기를 대속물로 내주셨습니다."딤전2:6
>
> "그리스도께서는 우리를 위하여 자기 몸을 내주셨습니다."딛2:14
>
> "인자는 많은 사람을 위하여 자기 목숨을 몸값으로 치러 주려고 왔다."마20:28
>
> "죄를 사하여 주려고 많은 사람을 위하여 흘리는 나의 피 곧 언약의 피다."마26:28
>
> "우리 죄를 대속하기 위하여 자기 몸을 바치셨습니다."갈1:4
>
> "그리스도께서 우리를 위하여 저주를 받은 사람이 되심으로써, 우리를 속량redeem해 주셨습니다."갈3:13

(1) 승리 이론

승리 이론은 승리자 그리스도 이론Christus Victor theory으로 널리 알려져 있

---

11) Thomas R. Yoder Neufeld, *Killing Enmity*, (Baker Academic, 2011), p. 78. 그리고 마이클 고먼, 『속죄와 새 언약』, 최현만 옮김, (서울: 에클레시아북스, 2016), 30쪽. 물론 예수의 십자가 사건에 대한 해석의 스펙트럼은 다양한 유형으로 구분될 수 있다.

다. 세상은 공중의 권세를 잡은 자, 악한 자 곧 사탄의 손안에 처해 있다. 사탄은 이 세상의 임금이며 예수는 사탄의 통치로부터 우리를 해방시키기 위해서 죽었다. 예수의 죽음은 사탄의 지배에 저항했던 예수의 공생애에 나타난 투쟁의 결과이다. 예수는 그러한 투쟁 과정에서 세상의 힘에 굴복했지만 동시에 세상 권력의 본질적인 폭력을 폭로함으로써 그 정체를 드러내었다. 예수의 희생적인 죽음은 사탄의 지배에 대항하는 전사로서의 삶을 보여주는 승리로서 풀이된다. 하나님이 죽은 자 가운데서 예수를 부활시켰기 때문이다. 예수의 죽음은 죄 없는 희생양으로서 제사된 것이지만 부활과 함께 하나님과의 화해 즉 속죄를 가져온다. 그것은 하나님이 흡족해 할 수 있는 의로운 희생이기 때문이다. 따라서 예수의 죽음이 없이는 하나님과의 화해는 불가능하다.

승리자 그리스도는 그리스도 예수의 죽음과 부활이 하나님을 대적하는 이 세상의 신들로부터 해방되는 구원의 길이 어디에 있는지를 보여준다. "히브리서의 기자는 예수님의 희생적인 죽음을 통하여 예수님은 자신의 모든 원수들 위에서 다스리고 계심을 말하고 있다. 히1:13"[12] 이와 같이 예수는 자신의 죽음과 부활을 통해서 그리스도 즉 메시아가 되었으며 인류를 사탄과 죄와 억압으로부터 해방하기 위해 필요한 모든 대가를 대속하였다. 이 때문에 예수는 그리스도로서 인류에게 회개와 죄사함을 줄 수 있다.[13] 따라서 예수의 십자가 사건은 하나님의 통치가 사탄과 악의 통치와 대면하고 그것을 굴복시키는 하나님의 승리에 참여하라는 좋은 소식이다.

---

12) 그레고리 보이드, 폴 에디, 『복음주의 신학 논쟁』, 박찬호 옮김, (서울: 기독교문서선교회, 2014), 241쪽.
13) "하나님께서는 이분을 높이시어 자기 오른쪽에 앉히시고, 영도자와 구주로 삼으셔서, 이스라엘이 회개를 하고 죄 사함을 받게 하셨습니다."(사도행전 5:31)

(2) 도덕 감화 이론

이 이론은 도덕적 영향설moral influence theory로 알려져 있다. 이 이론은 하나님이 예수를 죽인 이유를 인류에 대한 하나님의 자비와 긍휼을 보여주고 도덕적 감화를 받음으로써 회개하게 하고 거룩한 삶을 살 수 있도록 하기 위한 사랑의 행위에서 찾는다.[14] 하나님은 우리를 중개자를 통하지 않고 곧장 용서할 수 있었지만 예수에 대한 공감을 불러 일으켜 그에게로 돌아가도록 하기 위한 궁극적 본을 제시하기 위해서 십자가에서 죽게 했다. 이러한 예수의 삶과 죽음에서 우리는 하나님의 사랑으로 인한 은혜를 받고 내적으로 변화를 입는다. 죽기까지에 이르는 예수의 희생은 우리로 하여금 하나님을 사랑하는 마음을 불러일으키고 우리를 더욱 의롭게 변하게 만든다. 우리가 그 정도에 이를 수 있는 것은 하나님이 보여주는 사랑의 표현 때문이다. 예수의 삶과 희생은 우리에게 윤리적 영향을 행사하고 이로써 우리는 더욱 참되게 베풀어야 한다.

따라서 이러한 이론에 의하면 그리스도의 속죄는 개인에게 내면적으로 미치는 도덕적 영향과 교화로서 풀이된다. 이 이론은 우리가 하나님이 자신의 아들을 죽이는 데서 하나님의 사랑을 깨닫는다면 예수의 삶처럼 다르게 살 수 밖에 없을 것이라고 주장한다. 이 이론은 예수의 죽음이 가져오는 속죄가 개인이 하나님의 사랑을 깨치고 사랑을 실천하는 윤리적 성격의 것이라고 강조한다. 바꾸어 말해서 예수의 죄 없는 죽음은 우리의 삶이 모범적이어야 한다는 것을 가르치는 효력을 지닌다는 것이다.

(3) 형벌 대속 이론

이 이론은 형벌 이론, 대속 이론, 형벌적 대속론penal substitution theory, 대

---

14) 마크 베이커, 조엘 그린 지음, 같은 책, 202쪽.

리 형벌 이론으로 표현되기도 한다. 일반적으로 교회에서 가장 널리 인정되고 있는 속죄론이다. 그 통속적 표현은 예수는 우리가 받을 벌을 대신 받았다는 것이다. 즉 예수의 죽음은 나의 죄를 대속하는 형벌로서 이루어진 것이다. 인류는 죄인이고 죄인은 하나님과 화해할 수 없으니 화해하기 위해서 죄를 용서받아야 하고 이를 위해 예수는 죽임을 당해야 한다. 즉 예수의 죽음은 죄 용서를 위한 희생 제사이다. 이러한 희생 제사를 통해서 인간의 죄는 사해지고 죄에 대한 벌 즉 하나님의 진노에서 구원된다. 따라서 예수의 죽음은 인류의 죄를 대속하는 죽음이고 그 죄는 하나님에 대한 인류의 부채, 빚이므로 예수의 죽음은 나의 죄에 대한 배상, 보상, 교환인 셈이다. "한 사람이 모든 사람을 위하여 죽으셨으니, 모든 사람이 죽은 셈입니다." 고후5:14

이렇게 보면 예수의 죽음은 인류의 죄를 대신 속죄해 주는 것이고 하나님에 대한 빚을 갚는 것이므로 하나님의 공의를 충족시켜 주는 것이다. 이로써 하나님의 진노는 누그러진다. 즉 하나님과 죄인의 관계가 회복되고 화해된다. 이제 인간은 하나님 앞에서 무죄 판결을 받고 의롭다고 일컬어지는 즉 칭의되는justified 인간이 된다. 예수의 십자가 처형은 하나님은 자신의 정의의 명분을 충족시키고 인간은 자신의 죄 용서를 받게 되는 이중 효과를 가져온다. 예수의 희생 제사적 죽음은 하나님이 인간의 죄에 대해 징벌을 가하고 이와 동시에 자신을 스스로 충족시키는 구원의 경륜을 실행한 사건이다. 예수의 십자가 사건은 인간의 죄와 세상의 악에 대한 심판과 구속redemption 그리고 하나님의 인간 사랑을 실현하는 최선의 구원 사건이다. 따라서 예수의 죽음은 죄를 지은 인간을 가혹하고 무자비하게 벌주는 하나님의 보복과 분노가 아니라 하나님의 사랑의 발로로 이해되어야 한다.

위의 세 가지 이론들은 예수의 십자가 사건에 대한 다양한 측면들을 거론한다고 평가된다. 세 가지 고전적 속죄 모델에 대한 많은 이의와 반대들이 제기되었지만[15] 승리 이론과 형벌 이론은 예수의 죽음의 객관적 성취 측면을, 감화 이론은 예수의 죽음의 주관적 영향 측면을 강조한다. 전자는 윤리적 실천을 소홀히 하고 후자는 속죄의 객관적 효력을 경시한다. 또한 한 가지 이론만으로 예수가 십자가에서 이룬 일을 모두 설명할 수 없고 다양한 모델을 상호 보완적으로 사용하는 지혜가 필요하다.[16] 이러한 시각에서 예수의 십자가 사건을 종합적으로 궁극적으로 이해할 수 있는 통전적 모델이 필요하다. 하지만 지금 우리는 지젝의 속죄론에 대한 논의를 겨냥하고 있으므로 이를 위한 목적으로만 논의를 국한하고자 한다.

3. 지젝의 십자가 해석

지젝이 비판적 표적으로 삼고 있는 것은 형벌 대속 이론이다. 형벌 대속 이론은 하나님은 정의를 실현하지 않은 채 죄를 용서할 수 없다는 것과 죄를 지은 자와는 사귀지 않는다는 것을 가정한다.[17] 형벌 대속 이론은 하나님은 죄인에게 벌을 주고 의인에게 상을 준다는 형법 원리를 준행해야 한다. 이러한 논리에 따르면 하나님과의 관계가 단절된 죄인은 벌을 받아 죄 사함을 받지 않고는 하나님과 화해할 수 없다. 하나님의 사랑은 하나님의 정의의 원리 내에서 표현되어야 한다. 이로부터 하나님은 자신을 제한해야 한다는 귀결이 나온다. 또한 "법에 관한 관점이 다르면 하나님의 공의가 어떻게 십자가에서 실현됐는지와 십자가를 통해 죄인이 의롭게 된

---

15) 이들 이론에 대한 반론과 답변에 대해서는 다음을 참고. 그레고리 보이드, 폴 에디, 『복음주의 신학 논쟁』, 박찬호 옮김, (서울: 기독교문서선교회, 2014), 223-260쪽.

16) 마크 베이커, 조엘 그린 지음, 같은 책, 205쪽.

17) 같은 책, 214쪽.

다는 의미가 무엇인지에 관한 이해도 달라진다."[18]

　지젝은 형벌 대속 이론이 이와 같은 문제점이 있다고 생각한다. 즉 하나님은 스스로 제한이 있다는 결론이 나온다는 것이다. 하나님은 자신의 결정과 집행에서 자율적이 아니라 타율적이 된다. 이는 하나님의 심판은 그것이 따라야 하는 상위법이 있다는 것을 암시한다. 다시 말하면 하나님은 전능하지 않다. 이것이 아니라면 하나님은 친히 예수에게 인간이 범한 죄에 대한 값을 요구한 것이라고 결론해야 한다.

　지젝은 이렇게 말한다.

> 문제는 … 그리스도의 죽음을 하나님과 인간 사이의 교환 가운데 일어난 희생 제의적 제스처로 이해할 때 발생한다. 하나님이 가장 소중한 것 즉 한 하나뿐인 아들을 희생함으로써 인간이 저지른 죄를 배상하고 그들을 구원하셨다고 주장한다면 이러한 신의 행위를 이해할 수 있는 길은 궁극적으로 두 가지뿐이다. 이러한 응보를 요구한 것이 하나님 자신이었거나 — 말하자면 그리스도가 인간들을 대신해 자신을 희생했던 것은 그의 아버지 하나님의 응보의 요구를 충족시키기 위해서였다 — 아니면 하나님이 전능하지 않거나 — 말하자면 하나님은 마치 그리스의 영웅처럼 자기보다 높은 운명에 복종했다 — 둘 중의 하나인 것이다. … 그리스도의 희생에 대한 이 두 가지 해석을 어떻게 피해갈 수 있을 것인가 하는 것은 기독교 신학의 면전에 놓여 있는 대단히 근본적인 문제이다.[19]

18) 같은 책, 226쪽.
19) 지젝, 『전체주의가 어쨌다구?』, 한보희 옮김, (서울: 새물결, 2008), 75쪽.

결국 역사의 시작과 끝을 주관하는 신의 창조와 섭리는 역사 속에서 세상의 죄와 불의를 심판하고 자신의 정의를 실현하고자 자신에게 가장 소중한 것 즉 독생자 예수를 희생시키는 사건에 이르렀다. 아브라함이 자신의 독생자 이삭을 희생시켜야 하는 일을 맞이한 것처럼 하나님도 세상의 기원에서 시작하여 자신의 아들을 죽여야 하는 단계에 이르는 일을 섭리했고 지켜보아야 했던 셈이다.

이러한 사태가 기독교를 곤혹스럽게 하는 것은 하나님은 본디 돌아온 탕자의 비유가 보여주는 것처럼 죄는 죗값을 치러야 한다는 율법을 중단하는 논리에 따라 결정하고 행하는 분이기 때문이다. 그뿐만이 아니다. 하나님은 사랑이므로 세상을 이처럼 사랑하사 독생자를 주어놓고는 자신의 사랑으로 인간을 자신에게 묶어 두기 위해 독생자를 희생시키는 분이기 때문이다. 이러한 의미에서 하나님은 기이하고 괴물스럽고 도착적이게도 느껴지는 것이다. 이와 더불어 인간에 대한 하나님의 사랑만이 아니라 인간의 사랑을 받기 원하는 하나님의 욕망도 존재한다는 사실을 감안하면 그 곤혹스러움은 더욱 증폭된다. 따라서 상술한 딜레마에 대한 어떤 해법이 있지 않으면 안 된다. 즉 예수의 십자가 사건에 대한 제3의 해석은 어떻게 가능한가? 지젝은 십자가 사건을 정신분석학적으로 규명한다.

그런데 이 규명에 들어가기 전에 지젝이 구성한 기독교 측의 대안이 무엇인지를 먼저 살펴보자. 이렇게 생각해보자. 고대 이스라엘 민족은 수백 년간의 식민지 생활을 거치고 예루살렘에 귀환했지만 여전히 그들은 로마 제국의 포로로 생활해야 했다. 하나님의 사랑과 정의와 보호하심을 믿는 유대인으로서 그들은 이 현실을 어떻게 받아들여야 할지 너무나 고통스러웠다. 자신들의 신앙의 눈으로 자신의 나라와 민족이 겪는 오랜 고통을 이해하고 수긍하는 것은 결코 쉬운 일이 아니었다. 그들이 자신의 역사적 현실을 믿음의 눈으로 읽고 믿음의 길을 가는 것은 더 이상 불가능하다. 이러한 역사적 현실의 삶이 지속하는 가운데 예수는 그들에게 자신의 목숨을 그들의 죄와 고통의 대속물로 내어주고 그들을 속전을 지불하고 샀다. 바울과 열 두 사도들은 만사가 근본적으로 잘못되어 있고 이에 대해 우리가 책임이 있다는 생각, 인간의 실존 그 자체에 뭔가 어떤 결함이 선천적으로 내재해 있다는 생각, 결코 우리 스스로의 힘으로는 결코 덜어낼 수 없는 엄청난 죄를 뒤집어쓰고 있다는 생각 등등에 사로잡혀[20] 삶을 계속하고 있었을 때였다.

예수의 희생적 죽음은 하나님이 우리를 한없이 사랑하여 우리의 죄를 사하고자 자신을 희생함으로써 그들을 죄와 벌로부터 구원해준다. 이러한 십자가 사건은 그들에게 엄청난 폭발적 사건으로 다가왔을 것이다. 우리는 버러지가 아니며 중요한 존재이고 하나님의 사랑과 보호를 받고 있는 존재이다. 하나님은 우리에게 예수의 생명을 주었다. 더 이상 무엇이 필요한가. 그들에게 예수의 희생은 예수를 주와 그리스도로 되기에 지극히 합당하고 충분한 것이다. "하지만 이러한 해명은 명백히 부적절한 것이다. 왜냐하면 그리스도의 희생이라는 행위는 심리학적 메커니즘이 아니라 신학"[21]적으로 설명되어야 하기 때문이다. 따라서 예수의 십자가 사건은 분명 신학적으로 수수께끼이다.

지젝은 예수의 희생을 "눈에는 눈"이라는 죄와 벌의 논리와 윤리가 중지한 사건으로 읽는다. 예수의 십자가 사건에서 하나님의 정의는 보복, 처벌, 응보 등과 같은 율법을 따르지 않는다. 예수의 죽음의 희생 제사는 **"정의의 균형을 다시 세운답시고 보복을 꾀하는 순환적 논리를 저지하려고**

---

20) 지젝, 『전체주의가 어쨌다구?』, 77-78쪽.
21) 같은 책, 78쪽.

노력하라"[22]는 명령이다. 그것은 "오른뺨을 치는 자에게 왼뺨도 돌려대며 네 겉옷을 빼앗는 자에게 속옷도 거절하지 말라"^{눅6:29}는 명령을 실행한 사건이다. 그것은 죄는 값을 치르고 배상하고 보상해야 한다는 교환과 보상의 연쇄 고리, 법과 윤리의 응보의 연쇄 고리를 끊어내는 사건이다. 이러한 중지를 성취하는 유일한 길은 철저하고 기꺼운 태도로 자기 말소에 임함으로써 가능하다.[23] 바로 이것이 예수가 자신의 십자가 사건에서 보여준 사랑이다. 왜냐하면 사랑은 "가장 기본적인 차원에서 볼 때 응보의 연쇄 고리를 끊는 그와 같은 역설적 제스처에 다름"[24] 아니기 때문이다.

일상생활에서 우리가 보여주는 사랑의 수고가 그렇지 않은가. 우리가 "누군가에게 우리의 사랑을 보여주고자 할 때 우리는 넘치는 소모의 제스처를 통해서만 그렇게 할 수 있을 뿐이다."[25] 따라서 만일 우리가 죗값을 보상의 논리, 교환의 논리에 의해서 지불하고 갚는다고 한다면 예수의 죽음은 그러한 논리에 의해서 해석되어서는 안 된다. 예수의 희생적인 죽음은 우리에게 보상과 교환과 거래의 논리가 끊길 수 있다는 것을 보여주는 행위이다. 예수는 우리의 죗값을 갚아줌으로써가 아니라 죄와 벌의 악순환을 끊어버림으로써 우리를 구원했다. 예수는 우리의 죗값을 치르기는 커녕 대신에 사랑으로 죗값을 말소하고 해소함으로써 구원의 길이 어디에 있는지를 보여주었다. 결국 예수는 다른 사람에 의해서 그리고 다른 사람을 위해 희생당한 것이 아니라 자기 스스로를 희생한 것이다.[26] **"그리스도는 우리를 위해 일을 한 게 아니다. 그는 우리의 빚을 갚은 게 아니라 단**

---

22) 같은 책, 81쪽. 강조는 원문 그대로이다.
23) 같은 책, 82쪽.
24) 같은 곳.
25) 같은 책, 85쪽.
26) 같은 책, 82쪽.

지 우리에게 기회를 준 것이다. 자신의 죽음을 통해 그는 우리의 자유와 책임을 주장한다."[27] 따라서 형벌 대속 이론은 예수의 죽음과 희생을 오해하고 오인한 것이다.

예수의 희생 제사적 죽음을 이렇게 해석하면 예수 그리스도의 이름으로 받는 죄 사함 또는 죄 용서는 무의미해진다. 그 말은 예수가 흘린 피의 대가로 너의 죄가 사해졌다거나 속죄되었다거나 하나님이 너를 구원했다는 뜻이 아니다. 오히려 그 말은 예수의 사랑을 배우고 깨우치라, 너 스스로 구원의 길을 가라는 뜻으로 읽힌다. 그리스도는 "우리에게 스스로를 구속할 기회를 제공함으로써 그가 우리를 직접 구속했을 경우보다 훨씬 더 무한히 행보한 것이다."[28] 이것이야말로 기독교의 십자가 신앙이 가르치는 전복적 핵심이다.

한편, 지젝은 형벌 대속 이론은 정신분석학적으로 파악하면 하나님의 외설적 핵심을 감추고 있다고 주장한다. 예수의 십자가 희생이 왜 외설적이라는 것인가? 형벌 대속 이론이 주장하는 대로 예수는 인류의 구속과 구원을 목적으로 십자가에서 우리를 대신해 죗값을 치르고자 죽었다고 생각해보자. 그렇다면 하나님은 죄를 저지른 우리에게 죄의 대가를 요구하지 않고 자기 스스로가 우리를 위한 죄의 대가를 지불한 셈이다. 즉 대속하는 희생을 치른 셈이다. 이러한 희생은 자칫 도착적으로 이해될 수 있다. 다시 말해서 **"나는 너희들의 죄에 대해 최고의 대가를 지불하였으며 그러므로 너희들은 나에게 영원히 빚을 졌다."**[29] 예수의 십자가 대속 행위는 하나님의 자비와 사랑이 인간에게 죄로부터 자유와 해방을 가져다주는

---

27) 지젝, 『믿음에 대하여』, 최생열 옮김, (서울: 동문선, 2003), 113쪽. 강조는 원문 그대로이다.
28) 같은 곳.
29) 같은 책, 154쪽. 강조는 원문 그대로이다.

효과를 보기 위해서인데 오히려 역으로 인간에게 한없는 죄의식, 부채 의식을 가져온다. 빚을 대속하는 하나님의 사랑이 우리로 하여금 그리스도에게 영원히 빚을 지게 하고 영원히 보상할 수 없게 한다. 그렇다면 인간의 죄를 위하여 십자가에서 고통을 겪는 예수의 희생을 통해서 하나님은 나는 너의 전부를 원한다고 말하고 있는 것이다. 이는 나는 너희들을 절대로 놓아 주지 않겠다는 의지의 표현이다. 즉 하나님은 우리 존재 자체를 노리고 있다는 것이다.[30]

하나님은 왜 이렇게 하는가? 그 비밀은 하나님이 어떤 면에서 전능하지 않다는 점을 드러내지 않기 위해서라는 것이다. 하나님이 자기 자신 또는 자신의 아들을 십자가에서 죽이는 것은 자신이 할 수 없는 것이 있다는 점을 한 치의 틈도 없이 보여주지 않을 의도에서 감행한 최후의 일전이었다. 이것은 욥기에서 하나님이 욥의 난처한 질문에 대답하지 못하는 자신의 무능함을 감추기 위해서 폭풍을 몰고 나타나서 자신의 전능함을 자랑하는 것욥38, 39, 40, 41장과 유사하다.[31]

이러한 의미에서 십자가에서 일어난 하나님의 자기 죽음 또는 예수의 희생은 "신의 무능함에 관한 이야기"[32]이다. 욥기에서 하나님은 자신의 허풍으로 자신의 무능함을 드러내듯이 십자가에서 하나님은 자신의 죽음으로 자신의 무능을 드러낸다. 이것이 가장 극적으로 드러나는 장면이 예

---

30) 지젝, 『죽은 신을 위하여: 기독교 비판 및 유물론과 신학의 문제』, 김정아 옮김, (서울: 길, 2007), 276쪽. 참고로 영어원서 제목은 『꼭두각시와 난쟁이: 기독교의 도착적 핵심』으로, 독역본 제목은 『꼭두각시와 난쟁이: 도착성과 전복성 사이에 놓여 있는 기독교』로 번역될 수 있다. 영어원서 제목은 기독교의 도착적 성격을 주지시키고자 하는 저자의 의도를 우선적으로 표출하고 독역본 제목은 기독교의 도착성과 전복성 가운데 어느 하나를 선택해야 하는 기독교의 처지를 반영하고 있다. 물론 지젝은 기독교의 전복성을 선호한다. 그러기 위해서 지젝이 판단하기에, 기독교 신자들은 기독교의 도착적 성격을 고백하고 회개해야 한다.

31) 같은 책, 200-206쪽.

32) 같은 책, 207쪽..

수가 십자가에서 "엘리 엘리 라마 사박다니?" 나의 하나님, 나의 하나님, 어찌하여 나를 버리셨습니까?라고 말했을 때이다. 하나님이 자기 아들이 죽어가고 있을 때 아무 것도 하지 못하고 있는 장면은 무엇을 의미하는가? **"그리스도의 한탄이 암시하는 대상은 전능한 성부가 아니라 무능한 신 바로 그것이다."** [33] 여기서 예수는 "아버지가 강하다고 믿었었는데 그 아버지가 자기를 도와줄 수 없는 무능한 존재라는 것을 알고 경악하는 아이와도 비슷하다." [34] "아버지여 어찌하여 저를 버리시나이까"라는 예수의 절규는 신에게 사랑은 하지만 아무 것도 해 줄 수 없는 무능으로 괴로워하는 외상을 안겨준다. 이것만큼 전능한 신에게 외설적인 장면이 어디에 있겠는가? 이것은 신이 욥의 신정론적 질문 앞에 답을 제시하는 대신에 자신의 전능을 허풍스럽게 자랑하는 장면이 "외설적 스펙터클" [35]인 것과 유사하다.

라캉에 의하면 희생은 "대타자의 무능함을 부인하려는 의도를 담은 제스처" [36]로 보이고, **"타자 안의 결핍을 채우고 타자의 전지전능함을 또는 적어도 일관성을 외관상 견지하기 위해"** 제공되는 것이다. [37] 이러한 희생이 신 측에서 인간을 향해 제시되었는데 이것이 성공했다면 신은 건재할 것이다.

그러나 불행하게도 예수의 십자가상의 절규는 신의 무능을 고백한다. 신의 무능은 신의 죽음을 의미한다. 그런 신은 죽은 신이다. 이는 신을 부재자 즉 존재하지 않는 것으로 고백하는 것과 마찬가지이다. 이러한 방식으로 예수의 십자가 사건 안에 내장되어 있는 끔찍한 비밀이 드러난다. 그

---

33) 같은 책, 203쪽. 강조는 원문 그대로이다.
34) 같은 곳.
35) 같은 책, 206쪽.
36) 지젝, 『믿음에 대하여』, 최생열 옮김, (서울: 동문선, 2003), 77쪽.
37) 같은 책, 77쪽. 강조는 원문 그대로이다.

것은 기독교는 무신론의 종교라는 것이다. 이것이 예수의 십자가 사건이 계시하는 비밀이다. 이것이야말로 가장 불경스럽고 외설적이며 신성모독적인 것이다. 형벌 대속 이론을 널리 지지하는 현존 기독교는 이 비밀을 인지하는 데 실패함으로써 기독교를 도착적으로 믿고 있다. 예수가 십자가상에서 계시하는 바, 기독교가 무신론적이라는 사실을 통찰하지 못함으로써 제도 교회는 도착적 기독교를 지속적으로 보급하고 있다.

4. 지젝의 무신론적 기독교

기독교가 그 원천에서 무신론이라면 하나님의 존재는 어떻게 되는가? 하나님은 실체적 속성을 지닌 피안의 초월적 존재가 아니라 실제적 현실에 대한 외상trauma의 투사요 그 결과이다. 즉 하나님은 현실의 불투명성과의 만남에 기인하는 외상 경험에 의해서 생겨난 참을 수 없는 염려이다.[38] 이를테면 실제적 현실에서 신이 무능하다는 경험[39]으로부터 발생하는 보충물[40]이다.

인간은 전적으로 완전히 인간으로만 남을 수 없다. 동물로서의 인간은 인간다운 인간으로 변한다. 이러한 과정에서 인간은 자신을 인간다운 인간, 인간 본연의 모습을 가진 인간으로 만들어주는 여분의 어떤 것, 어떤 잉여를 만들어낸다. 그리스도라는 것은 "인간적 동물[종]을 적절한 인간 존재로 만들어주는 잉여"[41]를 말한다. 기독교는 그것을 신성, 신적 속성, 신적 성품이라고 부르고 덕을 세우고 완성해간다. 그러나 그 실상은 한갓된 동물에 지나지 않는 인간이 자신을 그러한 존재 이상으로 만들고자 꾸

---

38) 같은 책, 142, 137쪽.
39) 같은 곳.
40) 같은 책, 151쪽.
41) 같은 책, 107쪽.

며내는 충동이다. 이러한 충동에서 삶은 완전히 삶으로만 남지 않고 삶 이상 즉 죽지 않는 불멸의 삶, 보통 삶이 아닌 영원한 삶이 출현한다. 온전한 삶을 산다는 것은 삶보다 더 큰 삶이다. 이러한 충동은 단순한 생물학적 생활을 방해하는 과도한 압박[42]이외 다른 것이 아니다.

그렇다면 하나님의 존재는 언제든지 증발할 수 있는 "순수한 무의 광채"[43]와 같은 것이고 초감각적인 것으로서 이해와 설명이 불가능한 신비로 여겨질 수 있다. 예수가 인류의 속죄와 구원을 목적으로 십자가에서 죽었다는 희생은 그렇게 해서 비합리적이고 신비한 것으로 남을 수 있다. 그러나 그 실체는 삶의 두려움과 공포에서 외상을 겪고 이로 인해서 사람들이 투사하는 대타자, 상징적 질서, 공유된 허구[44]라는 것이 지젝의 솔직하고도 정직한 분석이다. 형벌 대속 이론이 말하는 희생·교환·보상·배상의 논리는 현실에 대한 환상적 경험을 실재로 여기는 데서 나오는 해석이다. 기독교는 환상의 실재성 위에 세워진 종교이다.[45] 기독교는 대타자가 없는 데도 있다고 믿는 종교이다. 대타자는 상상적 실재인데도 실제로 존재한다고 믿는 식이다. 사실 우리는 실제로 존재하지 않아도 믿을 수 있다. 즉 환상을 실재로 여기고 있다는 뜻이다. 기독교인들에게 그런 믿음은 부지기수이다.

지젝에게 하나님과 그리스도는 이렇게 해체된다. 지젝의 입장은 종교는 환상의 세계에서 대상 만족을 얻는 집단 심리라는 프로이드의 정신분석학적 주장과 맥을 같이한다. 그들은 모두 종교를 환상을 실재로 믿는 데

---

42) 같은 책, 103쪽.
43) 같은 책, 102쪽.
44) 같은 책, 118쪽.
45) 같은 책, 86쪽.

서 성립한다고 확신한다. 인간의 삶은 그 "삶 자체의 근원적 과잉"[46]을 요구하기 마련이다. 이 때문에 인간을 동물 이상의 인간으로 만들어주는 삶의 잉여가 생겨나고 이로부터 하나님과 그리스도가 실재로 상상된다.

지젝은 참으로 유물론자가 아니라고 할까 봐서, 이 삶의 잉여를 상품 물신주의로 설명한다.[47] 상품 물신주의는 물질돈이 인기를 얻게 되면 이 물질을 통해서 또 다른 비물질적 차원의 속성이 빛을 보는 구조를 가지고 있다. 삶의 잉여로서 하나님과 그리스도는 바로 이러한 상품 물신주의적 종류의 것이라는 말이다. 쉽게 말해서 그리스도는 돈과 같은 것이다. 그리스도는 돈이 인간들 사이에 존재하는 것과 같이 존재한다. 돈은 물질을 상품으로 만드는 잉여가치를 구현해준다. 마찬가지로 그리스도는 인간들 사이에 온전한 인간성을 구현하는 기능을 수행한다. 그리스도는 동물로서의 인간이 진정한 인간으로 이행할 때 필요한 소비재인 것이다. 우리의 일상적 삶은 진정한, 온전한 삶이 아니기에 우리는 그와 같이 죽어 사는 삶을 막아주는 삶을 추구한다. 인간의 삶은 이와 같은 죽지 않게 만들어주는 삶의 잉여가 없다면 동물과 야만의 삶이 될 것이다. 하지만, 삶의 잉여는 인간이 만들어낸 상상 내지 상징이지만 순수히 생물학적 삶에 대해서는 항상 역설적인 상처로 다가온다. 왜냐하면 그것은 판에 박힌 일상적인 생활 너머 있는 이상적 삶의 형상이기 때문이다.[48]

그런데 이러한 삶의 잉여를 몸소 짊어지고 죽은 자가 그리스도 예수이다. 예수의 희생적인 죽음은 바로 이러한 삶의 잉여를 오롯이 떠맡은 삶이 어떤 것인지를 가르쳐준다. 이것이야말로 죽지 않는 삶, 영원불멸하는

---

46) 지젝, 『죽은 신을 위하여: 기독교 비판 및 유물론과 신학의 문제』, 김정아 옮김, (서울: 길, 2007), 159쪽.
47) 지젝, 『믿음에 대하여』, 최생열 옮김, (서울: 동문선, 2003), 107쪽.
48) 같은 책, 112-113쪽.

삶이다. 따라서 삶의 잉여를 정직하게 책임지는 것이 필요하지 하나님과 그리스도에게 귀의하는 것이 필요한 것이 아니다. 예수가 십자가에서 죽었을 때 성취된 것은 인류 역사에서 소멸되지 않고 면면히 이어온 이 삶의 잉여를 소멸시켰다는 것이다. 그리스도는 인류에게 항시 무거운 짐으로 여겨진 이 삶의 잉여를 피하지 않고 온몸으로 짊어졌다는 것이다. 따라서 지젝은 지금의 기독교처럼 그리스도를 소비재처럼 소모해서는 안 된다고 역설한다. 이것은 도착적perverse 기독교에서 전복적subversive 기독교로 회개할 것을 요구하는 것이다.

물론 지젝이 보기에 현존하는 교회는 그리스도를 도착적으로 독해한다. 기독교의 운명 전체는 십자가 사건을 도착적이지 않은 방식으로 해석할 가능성에 달려 있다.49) 기독교의 전복적 핵심을 구제하는 것이 기독교의 최대 현안이다. 이것을 구원하려면 기독교는 도착적 핵심을 희생해야 한다. 그것은 하나님이 그리스도를 보내주고 우리 대신 빚을 갚아주었고 덕분에 우리는 구원 받았다는 종교적 체험을 버리는 것이며 십자가에서 그리스도를 버린 아버지가 존재한다는 은밀한 소망50)을 버리는 것이다. 이것은 기독교에 요구되는 영웅적인 행위이다.51) 기독교가 자신의 도착적 핵심에서 전복적 핵심으로 건너뛸 때 기독교는 개혁될 것이고 그 혁명적 성격이 확연히 계시될 것이다. 그리고 그것은 무신론적 기독교가 참된 기독교라는 것을 말한다.

지젝이 현존하는 제도 교회의 도착성에 대해 가장 비판적으로 공격하는 대목은 기독교 신자들이 하나님을 무조건적 초자아 행위자로 여긴다

---

49) 지젝, 『죽은 신을 위하여: 기독교 비판 및 유물론과 신학의 문제』, 김정아 옮김, (서울: 길, 2007), 28-29쪽.
50) 같은 책, 277쪽..
51) 같은 곳.

는 점이다. 사실 기독교 신자들은 주일 성수에서나 주중 일과에서 예수가 십자가에서 흘린 피로부터 자유와 해방을 누리기보다는 죄의식과 죄인 됨을 끝없이 반복적으로 신경증적으로 되뇌고 있다. 그 이유는 신자들이 그리스도에게 영원한 빚을 지고 있고 이를 영원히 갚을 수 없다는 과도한 압박에 놓여 있기 때문이다. 이러한 강박증은 하나님을 최고의 초자아로 확립하고 있다는 것을 보여준다.[52] 신자들이 타자의 완성을 돕고 부족을 채워주기 위해 자기 포기와 희생을 거부하기 일쑤인 세속적 삶을 살다가도 어느 순간에 자신도 놀라는 섬김과 희생을 보여주는 것은 그러한 강박증세로부터 풀려났기 때문이다. 교회는 이러한 희생을 두고 흔히 하나님의 자비나 하나님의 은혜, 좋은 믿음이라고 표현한다. 그렇다면 신자의 희생은 "우리가 불가능한 초자아의 명령에 의해 부과된 죄의식을 보상하려는 목적을 갖는 제스처"[53]로 이해될 수 있다.

그러나 아이러니하게도 지젝에 의하면, 이것은 그리스도의 희생의 '**핵심을 놓치는**'[54] 것이고 오해한 것이다. 왜냐하면 그리스도의 죽음은 우리에게 영원한 삶을 살 기회를 주기 위해서이기 때문이다.[55] 그래서 문제는 우리가 어떻게 초자아로부터 올바른 사랑으로 이행할 수 있는가[56] 하는 것이다. 그리스도의 죽음이 우리를 죄인으로 만들고 우리로 하여금 결코 갚지 못할 빚을 지게 하는 것으로부터 죄에서 자유하게 되며 죄의 율법을 자유의 율법으로 완성하는 사랑을 할 수 있는가가 문제이다. 율법에 사

---

52) 지젝, 『믿음에 대하여』, 최생열 옮김, (서울: 동문선, 2003), 154쪽.
53) 같은 책, 81-82쪽.
54) 지젝, 『죽은 신을 위하여: 기독교 비판 및 유물론과 신학의 문제』, 김정아 옮김, (서울: 길, 2007), 168쪽. 홑따옴표는 원문 그대로이다.
55) 같은 책, 163쪽.
56) 같은 책, 173쪽.

랑의 차원을 덧붙이는 것이 아니라 율법 자체를 온전하게 성취하는 사랑, 율법 너머에 있는 것이 아니라 율법 안에 완전히 푹 빠져 있는 사랑을 어떻게 할 것인가[57]가 문제이다. 이 세상의 어느 누구도 남이 나를 위해 그리고 나를 대신해 죽는 것은 불가능하다. 왜냐하면 하이데거가 말한 대로 죽음은 타인이 대신할 수 없는 유일한 사건이기 때문이다. 그러나 그리스도는 극한의 상호 수동성interpassivity 속에서 우리를 위해서 죽음이라는 궁극의 수동적 경험을 대신했다. 이러한 희생에 참여하는 것 말고는 해법이 없을 것이다. "누구든지 나를 따라오려거든, 자기를 부인하고, 제 십자가를 지고, 나를 따라 오너라."마16:24

지젝이 간취하는 기독교적 경험의 핵심은 이러한 희생적인 사랑을 사는 불완전한 존재를 신의 위치 말하자면 궁극적 완성의 위치에 둔다는 것이다.[58] 이러한 의미에서 인간의 불완전성은 아름답고 찬미할 수 있는 것이다. 신자들에게 주를 얼굴과 얼굴을 마주하여 볼 때가 올 터인데 그때도 여전히 사랑은 존재할 것인지는 확신할 수 없다. 그때와 달리 지금의 때 즉 내가 불완전하고 유한하며 취약하고 불확실성 속에 있는 때는 사랑이 없으면 나는 아무것도 아니다.[59] 따라서 사랑은 우리가 할 수도 있고 안 할 수도 있는 것이 아니라 우리가 해야 하는 어떤 것이다. 왜냐하면 불완전한 존재만이 사랑을 할 수 있고 오직 사랑을 통해서만 우리는 실재하는 이웃 타자에 진정 도달할 수 있기 때문이다.[60] 그리스도의 사랑은 바로 이것을 보여준다.

---

57) 같은 책, 189쪽

58) 지젝, 『죽은 신을 위하여: 기독교 비판 및 유물론과 신학의 문제』, 김정아 옮김, (서울: 길, 2007), 187쪽.

59) 고린도전서 13장.

60) 지젝, 죽은 신을 위하여: 기독교 비판 및 유물론과 신학의 문제』, 김정아 옮김, (서울: 길, 2007), 187쪽.

그러므로 우리는 그리스도의 사랑에 **"맞는 삶을 살아야 한다 — '행위'**
의 결과를 끌어내야 한다 —는 참을 수 없는 부담을 짊어져야 한다."[61] "그
리스도의 **'사건'**을 통해서 우리는 형식적으로 구원을 받았고 — 구원에
의 포섭 — 이로 인해 우리는 구원을 현실화하는 어려운 과제를 감당해야
한다."[62] 신의 아들로서 "신의 행위에 맞는 삶을 사는 것, 신의 행위의 의
미를 결정하는 것, 신의 행위에서 의미를 만들어내는 것은 인간의 몫이
다."[63] 이를 달리 표현하면 "우리 인간은 신의 도움에 의지할 수 있는 존재
가 아니라는 사실이다. 오히려 우리가 신을 도와야 한다."[64]

5. 대안적 기독교를 위하여

지젝의 기독교 해석은 한 마디로 말하면 "이단적 기독교 신앙"[65]이다.
이것은 지젝과 논쟁을 벌인 밀뱅크의 단적인 평가이다. 그것은 지젝이 초
월적 신성에 대한 믿음을 인정하지 않기 때문이다. 반면 지젝은 "이단으
로 정죄를 받을 사람은 바로 밀뱅크"이고 "나의 무신론은 밀뱅크보다 더
기독교적이라고"[66] 응수한다. 물론 지젝의 해석은 매우 창의적이고 도발
적이며 핵심을 파고든다. 그의 탁견과 통찰은 현존하는 기독교계가 경청
해야 할 치명적 비판이기도 하다. 그렇다고 해서 현존 기독교는 지젝의 유
물론적 신학, 신 없는 신학을 받아들여야 하는가? 과연 그의 철학적·신학
적 무신론은 기독교 신앙과 교리가 피할 수 없는 귀결인가?

---

61) 같은 책, 219쪽. 강조는 원문 그대로이다.
62) 같은 책, 221쪽. 강조는 원문 그대로이다.
63) 같은 책, 220쪽
64) 같은 책, 221쪽.
65) 슬라보예 지젝, 존 밀뱅크, 『예수는 괴물이다』, 배성민, 박치현 옮김, (서울: 마티, 2013),
175쪽.
66) 같은 책, 380쪽.

우선, 예수의 대속적 죽음을 인류의 죄를 위한 희생 제의로 보는 것이 하나님의 도착적 성격을 나타내는 것으로 이해할 필요가 없다. 우리의 일상생활에서도 얼마든지 자녀의 죄, 사회의 죄, 조직의 죄 등을 위해서 자신을 받치고 희생하는 일이 벌어지고 우리는 이를 기념하며 본으로 삼고자 한다. 그러한 희생과 봉사는 죄에 대한 건전한 혐오와 이웃과 사회에 대한 사랑에 기인한다. 하나님이 인류의 죄에 대해 적당하게 보아 넘길 수 없는 것은 인간에게 극단적으로 보일지 몰라도 거꾸로 인간 스스로가 얼마나 부패해있는지를 보여주는 것일 뿐이다. 오히려 그것은 인간의 죄에 대한 하나님의 거룩한 사랑의 분노이다. 우리는 흔히들 인류의 죄악에 대하여 역사가 용서하지 않을 것이며 심판할 것이라고 말하지 않는가? 하나님은 돌아온 탕아의 죄를 무상으로 용서할 수도 있지만 그렇다고 다른 사람의 죄를 그저 용서할 수 없다고 해서 도착적인 것은 아니다. 예수가 인류와 자신을 동일시해서 그 모든 죄를 짊어지는 대가를 치르기로 결정한 것은 그야말로 우리 측에서는 은혜이지 않을 수 없다. 따라서 예수의 십자가 사건을 예수 그리스도가 인류의 죄를 우리 대신 짊어지고 형벌을 받음으로써 우리가 죄 사함을 받고 자유롭게 되었다는 기독교의 정통 신앙과 교리로서 받아들이는 믿음의 눈을 실재적 환상으로 버릴 필요는 없다. 그것 또한 실재의 구조에 대한 인식으로 평가할 수 있기 때문이다. 이 믿음의 눈을 확실히 할 때 예수의 발자취를 따라갈 수 있는 믿음의 길을 걸을 수 있다.

또한 형벌적 대속론이 그 의도 및 기대와는 달리 정반대의 결과를 가져오는 것은 부인할 수 없는 사실이다. 하지만 신자들이 하나님에 대한 영원한 채무 의식을 가지는 것은 그리스도의 희생에 대해 왜곡된 감사 의식을 가져서이다. 미국의 신학자 존 파이퍼는 그것을 "채무자 윤리"[67]라고 부른다. 채무자 윤리는 하나님에게 진 빚을 갚기 위해 노력하는 것을 말한다. 우리는 일반적으로 아무 대가 없이 거저 얻은 것을 감사하게 생각한다. 그리스도의 대속적 죽음은 하나님이 인류에게 거저 베푼 은혜의 선물이다. 이 선물은 거저 받은 것이라서 즐겁고 기쁨을 준다. 감사는 이러한 하나님의 호의에 대한 반응이다. 그런데 감사함은 받은 선물을 빚으로 여겨 갚아야 한다는 충동으로 왜곡된다. 이 순간에 채무자 윤리가 발생한다. 즉 감사는 하나님에게 무언가를 보답하고자 선한 일들을 하려고 애쓴다. 거저 받은 하나님의 은혜에 대한 감사가 무상으로 되돌려지지 않고 자신의 의지로 무언가를 지불하려고 노력한다. 선물은 선물이기를 그치고 거래 관계로 변질되고 값없이 주어진 은혜는 왜곡된 감사로 무가치하게 된다. 이렇게 되면 감사 행위는 우리가 하나님에게 빚진 한없는 채무를 갚아나가는 행위로 이해된다. 감사가 채무자 윤리에 빠지게 되면 은혜는 은혜로서 기능을 상실하고 신앙은 그릇된 충성심과 굴종적 감정을 만들어낸다. 감사를 채무의 개념으로 바꾸는 채무자 윤리가 교회에 널리 퍼져 있는 것은 기독교의 도착적 모습이라고 말할 수 있다. 채무자 윤리에 사로잡힌 종교 생활 형태를 율법주의라고 한다. 진정한 감사가 있으면 하나님의 은혜를 진심으로 기뻐하는 열정을 가지고 하나님을 더욱 의지하며 자기 신뢰를 버리고 장래의 은혜에 대한 믿음으로 힘을 얻는다.

사도 요한은 하나님은 사랑이라고 천명했다. 사랑의 하나님이 정의 때문에 죄를 지은 인류에게 죄의 책임을 묻는 것이 잘못된 것일 수 없다. 죄와 벌은 신 인간 가릴 것 없는 보편적 도덕 원리이다. 그 처벌이 신의 상위 심급이나 필연성을 따르는 것이기에 신 스스로가 자기를 제한한다고 볼

---

67) 존 파이퍼, 『은혜, 구원을 딛고 삶 속으로』, 차성구 옮김, (서울: 좋은씨앗, 2003), 41쪽.

필요도 없다. 사랑은 정의의 정신이고 정의는 사랑의 육체이기 때문이다. 처음부터 용서할 수도 있지 않는가라는 반문은 하나님의 거룩한 성품을 가소롭게 대하는 것이다. 그러한 의문을 품기 전에 인류의 죄와 세상의 악에 대해 두렵고 떨리는 마음부터 가지는 것이 하나님의 거룩한 인격에 대한 기본일 것이다. 따라서 우리는 거룩한 하나님처럼 어떻게 거룩한 마음으로 죄를 미워하고 죄를 사할 수 있는지를 먼저 숙고해야 한다. 예수 그리스도의 희생적 죽음은 우리에게 그렇게 할 수 있는 동기를 제공한다. 그리고 이 죽음에 대한 초기 그리스도인의 신앙적 체험이야말로 로마 제국의 황제 체제 앞에서 예수를 세상의 주Lord요 임금King이라고 선포할 수 있었던 전투적 기독교의 원동력이요 전투적 사랑의 원천이다. 초기 그리스도인이 공유한 종교적 경험은 정신분석의 무의식적 의미 체계나 상징적 언어의 구성물로써 부정적으로 비판적으로 평가될 것이 아니다. 오히려 그들에게 사회 변혁의 창조적 힘을 공급한 것은 그들의 그러한 신앙적 체험이라는 사실을 인식하고 이를 적극적으로 긍정해야 한다.

초월적 신성을 거부하는 지젝의 입장을 검토하는 데로 이동해보자. 지젝에 의하면 신은 무신론자이다.[68] 예수도 무신론자이다.[69] 예수는 신이 없는 데도 신을 믿었거나 신이라고 믿었던 대상은 상상의 실재 내지는 상징적 실재 이외에 다른 것이 아니다. 대타자는 존재하지 않는다. 신은 죽었다. 신은 무의식이다.[70] 지젝은 신을 인간으로 환원한다.[71] 지젝은 신

68) 지젝, 『죽은 신을 위하여: 기독교 비판 및 유물론과 신학의 문제』, 김정아 옮김, (서울: 길, 2007), 26쪽. 체스터턴이 『정통』 (홍병룡 옮김, 아바서원, 2016)에서 예수의 죽음에 대해 언급한 문장에서 지젝이 가져온 구절이다.
69) 지젝·밀뱅크, 『예수는 괴물이다』, 배성민, 박치현 옮김, (서울: 마티, 2013), 177쪽.
70) 같은 책, 455쪽.
71) 지젝, 『죽은 신을 위하여: 기독교 비판 및 유물론과 신학의 문제』, 김정아 옮김, (서울: 길, 2007), 223쪽.

의 존재를 인간의 자기 초월로서 보고 이러한 인간의 자기 초월은 의미를 보증해 주는 대타자, 기준점을 필요로 하지 않는다는 것을 확신한다. 그는 인간의 자기 초월이 존재의 질서 너머에 있는 피안의 하나님으로부터 가능할 수 있다는 점을 인정하지 않는다.

그러나 이것은 엄연한 종교적 현상이요 실재이다. 기독교의 책 즉 성경은 이러한 초월을 기록한 문서이다. 지젝은 그리스도를 삶의 잉여라고 특이하게 간파했지만 삶의 잉여가 초월적 하나님과의 친밀한 관계에서 발원할 수 있는 가능성은 배제한다. 여기서 하나님의 피안성은 우리의 인식 능력의 피안성은 아니다. 인식론적 초월은 하나님의 인격적 초월과는 아무런 상관도 없다.[72] 하나님의 초월성은 인식론적 초월성이 아니라 사회적 윤리적 초월성이다.[73] 지젝은 예수가 광야의 유혹을 떨쳐내는 욕망의 포기가 하나님과의 깊은 사귐에서 오는 능력으로 가능했다는 점은 고려하지 않는다. 예수가 십자가에서 잠시 하나님을 의심하는 불신앙으로 절망하지만 궁극적으로 "아버지, 내 영혼을 아버지 손에 맡깁니다"눅23:46는 말은 무시된다. 그는 예수가 십자가의 고통을 떠맡을 수 있었던 사건은 삶의 잉여로만 설명할 뿐 그 에너지원이 하나님으로부터 온 것이거나 그 희생의 의미와 효력과 능력에 대해서는 아무런 말도 없다.

"엘리 엘리 라마 사박다니?나의 하나님, 나의 하나님, 어찌하여 나를 버리셨습니까?"는 신의 자기 분열, 신의 자포자기[74]로 파악할 것이 아니다. 그것은 아버지와 아들 사이의 통일과 연합을 보여주는 것이다. 아버지가 인류를 사

---

72) 본회퍼, 『저항과 복종』, 손규태, 정지련 옮김, (서울: 대한기독교서회, 2010), 522쪽.

73) 박재순, 『하나님 없이 하나님 앞에』, (서울: 한울, 1993), 198쪽. 현대 독일 신학자 디트리히 본회퍼가 히틀러를 제거하는 암살 행위에 가담한 것은 예수의 십자가를 따르는 속죄 행위였다. 223쪽 참조.

74) 지젝, 『죽은 신을 위하여: 기독교 비판 및 유물론과 신학의 문제』, 김정아 옮김, (서울: 길, 2007), 202쪽.

랑하는 것과 아들이 자신을 희생하는 것은 인류의 구속과 화해와 평화를 가져오기 위한 동일한 행동이다. 인류를 구원하려는 아버지와 아들의 의지는 하나이다. "그러므로 역설적이기는 하지만 성부와 성자 사이의 심정과 목적의 완벽한 통일은 예수님께서 '나의 하나님, 나의 하나님, 어찌하여 나를 버리시나이까?' 마27:46라고 부르짖은 바로 그 순간에 드러나고 있다."75)

"아버지, 왜 나를 버리십니까?"라는 예수의 외침은 구약의 많은 선지자들도 기록에 남긴 말이다. 이사야는 "주님께서 나를 버리셨다" 사49:14, 예레미야는 "어찌하여 우리를 버려두십니까?" 애5:20, 다윗은 "나의 하나님, 나의 하나님, 어찌하여 나를 버리십니까?" 시22:1라고 말했다. 이들의 버려졌다는 의식은 하나님이 자기 아들, 자기 백성을 도착적으로 유기하거나 그들에게 무능하다는 것을 뜻하지 않았다. "내가 … 분노가 북받쳐서 나의 얼굴을 너에게서 잠시 가렸으나 나의 영원한 사랑으로 너에게 긍휼을 베풀겠다. 너의 속량자인 나 주의 말이다." 사54:7-8 예수의 버림받음은 하나님과 예수, 아버지와 아들 사이의 내부 분열 문제가 아니라 하나님과 인간의 죄 사이의 문제이다. 예수는 하나님으로부터 버림받은 것처럼 부르짖었지만 하나님을 불렀고 그렇게 부름으로써 하나님이 그를 버리지 않았음을 유언으로 말해주고 있다. 내가 나의 하나님, 나의 하나님이라고 부르는 한 나는 완전히 버림받은 것이 아니다. 하나님은 떠나버린 하나님으로서 우리와 함께 하는 하나님이다. 역으로 우리와 함께 하는 하나님은 예수의 죽음에서 보듯이 우리를 떠나버린 하나님이다. 예수가 엘리 엘리 라마 사박다니라고 말하는 한 그는 그를 생애 동안 인도하고 사랑하는 하

---

75) 그레고리 보이드, 폴 에디, 『복음주의 신학 논쟁』, 박찬호 옮김, (서울: 기독교문서선교회, 2014), 238쪽.

나님의 소리에 충실히 한 것이다.

욥도 마찬가지로 하나님이여, 왜 나를 고통 속에 버려둡니까라고 물었다. 비록 하나님은 폭풍우 가운데 나타나서 자신의 권능을 웅변적으로 자랑했지만 아무런 답도 제공하지 않았고 그 문제는 현재도 영구미제로 남아 있다. 하지만 욥은 그러한 질문을 던진 것에 대해 하나님에게 칭찬 받았고 삶의 심연에서 우러나오는 처절한 경험에 힘입어 "하나님, 당신은 무능한 것 아니냐"고 넌지시 찔러 봄으로써 "네가 옳다" 욥42:7는 답을 얻어냈다. 그럼에도 불구하고 그는 하나님의 능력과 신실함을 부인하지 않고 실제의 삶으로 돌아간다. 다윗도 역시 욥처럼 동일한 질문에 답을 얻어내지는 못했지만 하나님의 성소에 들어가서야 의문을 해소한다.[76] 물론 욥처럼 미진함은 남아 있었을 것이다. 그럼에도 불구하고 그는 하나님의 신실함과 능력에 대한 신뢰를 가지고 현실로 돌아간다. 예수도 마찬가지였다. 예수가 십자가에 매달려 던진 질문에 하나님은 대답하지 않았다. 예수의 절규를 비롯한 이러한 종교적 경험들은 모두가 비합리적이고 불가해한 "숨어 계시는 신"[77]을 드러낸다. 하나님은 없이 존재하는 하나님이다. 하나님은 자신을 계시하는 하나님이되 자신을 숨기는 하나님이다.

현대의 독일 신학자 본회퍼는 이렇게 말한다.

우리를 세상에서 살도록 하시는 하나님은 우리가 항상 그 앞에 서 있는 하나님이지. 우리는 하나님 없이 하나님 앞에서 하나님과 더불어

---

76) "내가 이 얽힌 문제를 풀어 보려고 깊이 생각해 보았으나, 그것은 내가 풀기에는 너무나 어려운 문제였습니다. 그러나 마침내 하나님의 성소에 들어가서야, 악한 자들의 종말이 어떻게 되리라는 것을 깨닫게 되었습니다."(시편 73:16~17)

77) "어찌하여 우리가 고난을 받을 때 숨어 계십니까?"(시편 10:1); "구원자이신 이스라엘의 하나님, 진실로 주님께서는 자신을 숨기시는 하나님이십니다."(이사야서 45:15)

산다네. 하나님은 자신을 세상에서 십자가로 추방하지. 하나님은 세
상에서 무력하고 약하며 오직 그렇기 때문에 그는 우리와 함께 계시
고 우리를 돕는다네. 그리스도가 그의 전능하심이 아니라, 그의 약
함, 그의 수난으로 도우신다는 것은 마태복음 8:17에[78] 분명하게 나
타나 있네." 바로 여기에 다른 종교들과의 결정적 차이가 있지. 인간
의 종교성은 인간에게 곤궁에 빠졌을 때 세상에 존재하는 하나님의
능력에 의지하는 법을 가르치지. 그것은 *deus ex machina* [기계장치로
서의 신]이지. 오직 고난당하는 하나님만이 도울 수 있지. 이러한 전
제하에서만이 앞서 말한 성인이 된 세계를 지향해 나가는 발전 과정
이 그릇된 신 관념을 제거하고 이 세상에서 그의 무력함을 통해 능력
과 공간을 획득하시는 성서의 하나님을 볼 수 있는 눈을 열어준다고
할 수 있지.[79]

사도 바울도 같은 말을 한다. "나는 그리스도를 위하여 병약함과 모욕
과 궁핍과 박해와 곤란을 겪는 것을 기뻐합니다. 내가 약할 그 때에 오히
려 내가 강하기 때문입니다."고후12:10

이것이 기독교적 경험의 본질이요 정수이다. 예수가 십자가상에서 경
험한 것도 바로 이것이다. 그것은 라캉의 소위 "형용할 수 없는" "불가능
한" 실재계로서 만나는 신적 차원의 신성 체험이다. 이 점에서 예수의 "엘
리 엘리 라마 사박다니"는 절규로 표현된 육신이 된 신의 말씀이고 또 하
나의 성육신의 사건이다. 예수의 절규는 예수가 십자가에서 우리를 대신

---

78) 마태복음에 인용된 이사야서 성구를 말한다. "그는 몸소 우리의 연약함을 떠맡으시고 우리
의 질병을 짊어지셨다."(이사야서 53:4)
79) 본회퍼,『저항과 복종』, 손규태, 정지련 옮김, (서울: 대한기독교서회, 2010), 680-682쪽.

하는 죽음을 맞이할 때 죄인들과의 동일시에서 잠시 순간적으로 주춤하는 연약함을 보여준다.[80] 그러고는 죄인들과 동일시되는 완전한 상호 수동성이 완성된다. 즉 "다 이루었다."[81] 예수가 십자가에서 성취한 이 완전한 상호 수동성은 기독교를 도착적이지 않게 하고 전복적이게 하는 원천이고 거짓 욕망을 버리고 실재를 향한 열망에 참여하게 하며 초월적 하나님으로부터 오는 은혜의 도구이다. 그것은 그리스도가 우리에게 "하나님의 능력"이고[82] "하나님의 지혜"이며[83] "하나님의 약함이 사람의 강함보다 더 강한"[84] 이유이다. 신의 무능이 신의 유능으로 뒤바뀌게 되는 비의도 바로 거기에 있다. 또한 지젝이 기독교에 대해 원하는 "혁명적 행위"[85]의 가능성도 바로 거기에 있다.

그러므로 지젝은 **"십자가 위에서 죽은 것은 피안의 하나님 자신"**[86]이라거나 "신이 자신의 아들을 희생함으로써 인류를 구원했다고 주장하는 것은 큰 오산이라"[87]거나 예수의 죽음이 끔찍하고 "은밀한 도착적"[88] 경험이라고 말할 수 없다. 예수의 십자가 경험은 언어적 기표와 기의로 또는 언어적 상징의 잔여물로 처리될 수도 없거니와 지젝이 자신의 자본주의 투쟁 목적을 위해서 마음대로 오용 또는 남용할 수 있는 기독교의 유산도

---

80) 브루스(F. F. Bruce) 외, 『새성경 사전』, 김의원, 나용화 옮김, (서울: 기독교문서선교회, 1996), 895쪽.

81) 요한복음 19:30.

82) 고린도전서 1:18.

83) 고린도전서 1:24.

84) 고린도전서 1:25.

85) 켈시 우드, 『한권으로 읽는 지젝』, 박현정 옮김, (서울: 인간사랑, 2018), 384쪽.

86) 지젝, 『전체주의가 어쨌다구?』, 한보희 옮김, (서울: 새물결, 2008), 83쪽. 강조는 원문 그대로이다.

87) 지젝, 『무너지기 쉬운 절대성』, 김재영 옮김, (서울: 인간사랑, 2004), 230쪽.

88) 지젝, 『죽은 신을 위하여: 기독교 비판 및 유물론과 신학의 문제』, 김정아 옮김, (서울: 길, 2007), 27쪽.

아니다.

지젝이 기독교의 유산을 위해 싸우는 이유는 기독교의 전복적 핵심을 외면하는 현존하는 제도 교회를 비판하기 위한 측면도 있지만 그보다는 자본주의와 싸우는 투쟁하는 무신론자, 혁명적 주체 모형을 개발하거나 설명하기 위한 것이다. 그는 신자들의 기독교적 주체성이 혁명적 전사로 거듭나기 위한 주체성[89]을 이해하는 데 매우 유용하다고 생각한다. 요컨대 그의 무신론적 기독교는 자본주의 투쟁과 혁명의 가능성을 현실화하기 위한 전략 전술로서 제시된 것이다. 이러한 목적의식 때문에 지젝은 예수의 죽음에 관해서 그것이 죄를 씻기 위한 것이라는 "희생적 해석"[90]보다는 우리가 그리스도의 죽음에 참여함으로써 십자가의 길 즉 기독교의 전복적 핵심을 활성화하는 "참여적 해석"[91]에 많이 기울어지게 된 것이다.

이러한 연유에서 그의 기독교 해석은 편향적이고 공정하지 못하다. 물론 그가 기독교의 전복적 핵심과 그 혁명적 잠재력을 상기시킨 것은 매우 높이 평가되어야 한다. 하지만 그 전복적 핵심이 예수의 십자가 죽음의 희생 제의적 속죄 기능에서 발원한다는 점을 간과한 것은 큰 오류이다. 예수의 십자가가 하나님의 심판과 속죄의 효력을 지니고 있다는 점은 "하나님이 정하신 계획을 따라 미리 알고 계신 대로 된 일"[92]의 결과인데 그는 이

---

89) 기독교적 자아의 주체성을 자본 제국과 싸우는 혁명적 주체성으로 보는 문제와 관련해서 다음 논문 을 참조. 류의근, 「주체의 사망과 부활」, 『철학연구』, 133집, 대한철학회, 2015, 37-71쪽.

90) 지젝, 『죽은 신을 위하여: 기독교 비판 및 유물론과 신학의 문제』, 김정아 옮김, (서울: 길, 2007), 166쪽

91) 같은 책, 166쪽.

92) 사도행전 2:23.

점을 "하나님의 신비한 뜻"[93], "신비한 비밀"[94]로 이해하지 못했다. 지젝은 십자가가 속죄의 의미를 지니고 있다는 것을 경험하지 못함으로써 기독교의 유산을 구제하는 과정에서 오도된다.

사도 바울은 예수의 죽음에 대해 이렇게 말한다. "하나님께서는 죄를 모르시는 분에게 우리 대신으로 죄를 씌우셨습니다. 그것은 우리가 그리스도 안에서 하나님의 의가 되게 하시려는 것입니다."고후5:21 그리고 "나는 그리스도와 함께 십자가에 못 박혔습니다. 이제 살고 있는 것은 내가 아닙니다. 그리스도께서 내 안에서 살고 계십니다."갈2:20 바로 이 예수의 죽음의 희생적 해석과 참여적 해석의 분리 불가능한 일체성의 동시적 구현이 참된 기독교적 경험의 핵심이다. 초기 기독교 신자들이 로마 제국 시대에 동시적으로 수행한 것이 바로 이 예수의 죽음의 희생적 해석과 참여적 해석이다. 어느 한 쪽이 없다면 다른 한 쪽은 무의미하다. 기독교는 십자가의 속죄 경험 없이는 불가능한 종교이다. 기독교는 이 핵심 경험 없이는 십자가와 자신을 일치시킬 수 없다. 하나님은 자신의 존재와 인격을 예수의 십자가를 통하여 알려준다. 하나님은 십자가로 나타난 하나님이다. 이것이 기독교적 경험의 본질이다.

이러한 기독교 신앙과 경험의 본질 때문에 기독교는 비록 지금은 종교가 되어 버렸다 할지라도 "자신을 종교적 고착성으로부터 해방시킬 수 있으며 종교적 자기 폐쇄성으로부터 다시 현실성이라는 개방된 영역으로 되돌아올 수 있는 동력을 그 자체 안에 갖고 있다."[95] 따라서 지젝이 역설하는 바와 같이 기독교는 자신의 전복적 핵심을 회복하기 위해 무신론적

---

93) 에베소서 1:9.
94) 로마서 11:25.
95) 본회퍼, 『저항과 복종』, 손규태, 정지련 옮김, (서울: 대한기독교서회, 2010), 21쪽.

이어야 할 필요도 없고 기독교의 진정한 급진성을 구제하기 위해 자신의 종교적 경험을 버려야 할 필요도 없으며 무신론자가 되기 위한 유일한 길이 기독교적 경험을 반드시 거치는 것이어야할 필요도 없다.

지젝의 기독교 해석은 "전지구적 자본주의의 현재 상황을 묘사하고 그러고 나서 기독교가 제공하는 뚜렷한 정치적 방안을 그리는"[96] 이론적 투쟁의 일부이다. 지젝은 초기 기독교 신자들이 로마 제국의 사회적 질서에 대항한 사실을 언급한다.[97] 지젝은 로마 제국에 대항한 초기 기독교 신자들의 투쟁을 환기함으로써 오늘날의 로마 제국 말하자면 범세계적인 자유주의적 자본주의의 세계 질서를 저지하는 길을 찾고자 한다.[98] 따라서 지젝의 기독교 해석은 현 세계 상황에 개입하기 위한 정치 프로그램을 주입하려는 몸짓이다.[99]

그러나 지젝은 초기 기독교가 로마 제국과 관련해서 행했던 일을 오늘날의 제국의 지배 질서에 대해 수행하려면 초기 기독교의 십자가 경험을 반드시 인정해야 한다. 왜냐하면 초기 기독교 신자들은 예수의 죽음은 모든 사람의 죄를 스스로 짊어지고 죄의 심판을 받고 죽음에 이르는 대속적

---

96) Ward Blanton, Hent De Vries, eds., *Paul and the Philosophers*, (New York: Fordham University Press, 2013), p. 194. 지젝의 기독교 연구 3부작은 『부서지기 쉬운 절대성』, 『믿음에 대하여』, 『죽은 신을 위하여』이다. 이 중 『부서지기 쉬운 절대성』은 자본주의의 정치적 경제적 본성에 대하여 분석한 것이고 나머지 두 권은 자본주의의 이데올로기적 정신적 질환에 집중한다. 이 모든 것은 전 지구적 자본주의의 냉혹한 패권으로부터 탈출하려는 도구를 기독교에서 찾으려고 하는 방책이다.

97) 지젝, 『믿음에 대하여』, 최생열 옮김, (서울: 동문선, 2003), 11쪽. 그리고 이러한 사실과 관련하여 초기 기독교의 로마 체제 저항적 특징을 자세히 알고자 한다면 다음 책을 참조. 래리 허타도, 『처음으로 기독교인이라 불렸던 사람들』, 이주만 옮김, (서울: 이와우, 2017). 그리고 초대 교회의 특별한 급진적 성격과 현대사회에서 혁명의 사명에 대해서는 다음 책을 참조. 데이비드 벤틀리 하트, 『무신론자들의 망상』, 한성수 옮김, (서울: 한국기독교연구소, 2016).

98) 지젝, 『믿음에 대하여』, 최생열 옮김, (서울: 동문선, 2003), 10-11쪽.

99) 같은 책, 11쪽.

행위라고 믿었기 때문이다. 그들은 예수가 십자가에서 죽는 사건을 "혁명
이 시작된 날"[100]로 보았다. 따라서 지젝은 기독교가 정통적으로 믿어왔
던 저 기독교적 신앙과 경험을 버리지 않고 올바르게 전유할 수 있을 때 자
신이 기독교의 무신론적 해석을 통해 달성하고자 했던 목적을 성취할 수
있고 기독교에 내재하는 전투적 사랑을 되찾을 수 있다.[101]

또한 현존하는 제도 교회도 저 기독교의 외면당하고 무시된 정통ortho-
doxy의 혁명적 성격 곧 "원시 기독교 속에 도사리고 있는 혁명적 사상"[102]
을 회복하고 현실 속에서 실천할 수 있을 때 지젝의 무신론적 기독교를 극
복할 수 있을 것이며 신자들은 자신들이 현대 자본 제국의 지배 질서의 비
인간성과 싸우는 혁명적 주체임을 자각할 수 있을 것이다. 이에 대한 증명
책임은 투쟁하는 기독교 유신론자의 몫이다. 그리하여 기독교가 전투적
기독교가 될 때 예수의 십자가 죽음의 "급진적으로 해방적이며 체제 전복
적인 중핵"[103]은 "진정한 그리스도교적인 유산"[104], "그리스도의 참된 원
래의 메시지"[105], "기독교의 보물"[106]로 확증될 것이다.[107]

---

100) N. T. Wright, *The Day the Revolution Began: Reconsidering the Meaning of Jesus's Crucifixion*, (New York: HarperOne, 2018).

101) 기독교가 지니는 정치적·사회적 해방 능력 문제에 대해 크로티아의 철학자이자 신학자 보리스 군예비치의 글이 실린 2, 4, 6, 8장 참조. Slavoj Zizek and Boris Gunjevic, *God in Pain: Inversion of Apocalypse*, (New York: Seven Stories Books, 2012.

102) 에른스트 블로흐, 『저항과 반역의 기독교』, 박설호 옮김, (서울: 열린책들, 2009), 110쪽. 블로흐는 기독교를 무엇보다도 해방을 목표로 하는 종교적 유산으로 보고 있다. 같은 책, 307쪽.

103) 켈시 우드, 『한권으로 읽는 지젝』, 박현정 옮김, (서울: 인간사랑, 2018), 389쪽.

104) 지젝, 『무너지기 쉬운 절대성』, 김재영 옮김, (서울: 인간사랑, 2004), 14쪽.

105) 같은 곳.

106) 지젝, 『죽은 신을 위하여: 기독교 비판 및 유물론과 신학의 문제』, 김정아 옮김, (서울: 길, 2007), 277쪽.

107) 이 글은 "지젝과 기독교"의 제목으로 대한철학회 학술지 『철학연구』 147집, 2018년 8월)에 발표되었다.

참고문헌

『성경』, 새번역, 대한성서공회.

그레고리 보이드·폴 에디, 『복음주의 신학 논쟁』, 박찬호 옮김, 서울: 기독교문서선교회, 2014.

브루스 외, 『새성경 사전』, 김의원, 나용화 옮김, 서울: 기독교문서선교회, 1996.

데이비드 벤틀리 하트, 『무신론자들의 망상』, 한성수 옮김, 서울: 한국기독교연구소, 2016.

디트리히 본회퍼, 『저항과 복종』, 손규태, 정지련 옮김, 서울: 대한기독교서회, 2010.

마이클 고먼, 『속죄와 새 언약: 메시아의 죽음과 새 언약의 탄생』, 최현만 옮김, 서울: 에클레시아북스, 2016.

마크 베이커·조엘 그린, 『십자가와 구원의 문화적 이해』, 최요한 옮김, 서울: 죠이선교회, 2000.

박재순, 『하나님 없이 하나님 앞에』, 서울: 한울, 1993.

알랭 바디우, 『사도 바울: 제국에 맞서는 보편주의 윤리를 찾아서』, 현성환 옮김, 서울: 새물결, 2008.

에른스트 블로흐, 『저항과 반역의 기독교』, 박설호 옮김, 서울: 열린책들, 2009.

예수, 『예수: 가스펠』, 테리 이글턴 서문, 김율희 옮김, 서울: 프레시안북, 2009.

조르조 아감벤, 『남겨진 시간: 로마인들에게 보내는 편지에 관한 강의』, 강승훈 옮김, 서울: 코나투스, 2008.

_____, 『빌라도와 예수』, 조효원 옮김, 서울: 꾸리에, 2015.

존 파이퍼, 『은혜, 구원을 딛고 삶 속으로』, 차성구 옮김, 서울: 좋은씨앗, 2003.

지젝, 『무너지기 쉬운 절대성』, 김재영 옮김, 서울: 인간사랑, 2004.

_____, 『믿음에 대하여』, 최생열 옮김, 서울: 동문선, 2003.

_____, 『전체주의가 어쨌다구?』, 한보희 옮김, 서울: 새물결, 2008.

_____, 『죽은 신을 위하여: 기독교 비판 및 유물론과 신학의 문제』, 김정아 옮김, 서울: 길, 2007.

지젝·밀뱅크, 『예수는 괴물이다』, 배성민, 박치현 옮김, 서울: 마티, 2013.

켈시 우드, 『한권으로 읽는 지젝』, 박현정 옮김, 서울: 인간사랑, 2018.

류의근, 「주체의 사망과 부활」, 『철학연구』, 133집, 대한철학회, 2015.

최진석, 「슬라보예 지젝과 공산주의의 (불)가능성」, 『마르크스주의연구』, 11권 3호, 경상대학교 사회과학 연구원, 2014.

Jamil Khader, ed., *Zizek Now*, New York: Polity Press, 2013.

Frederiek Depoortere, *Christ in Postmodern Philosophy*, London: T&T Clark, 2008.

N. T. Wright, *The Day the Revolution Began: Reconsidering the Meaning of Jesus's Crucifixion*, New York: HarperOne, 2018.

Roland Boer, *Criticism and Heaven: On Marxism and Theology*, New York: Brill, 2007

Slavoj Zizek and Boris Gunjevic, *God in Pain: Inversion of Apocalypse*, New York: Seven Stories Books, 2012.

Thomas R. Yoder Neufeld, *Killing Enmity: Violence and the New Testament*, New York: Baker Academic, 2011.

Ward Blanton & Hent De Vries, eds., *Paul and the Philosophers*, New York: Fordham University Press, 2013.